Schnelle
Trennkost
Küche

Schlank und gesund nach Dr. Hay

Schnelle Trennkost Küche

Helen Harper

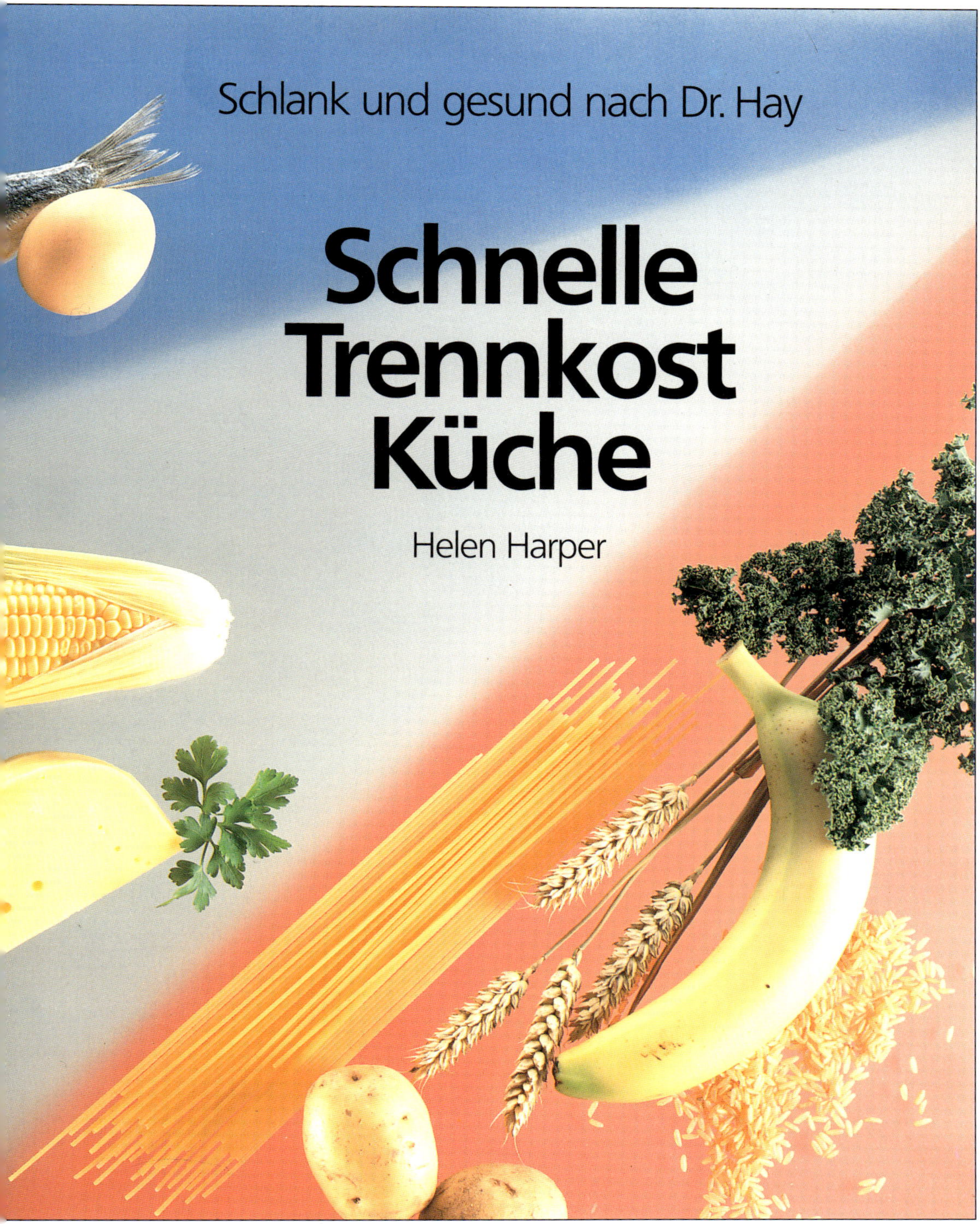

FALKEN

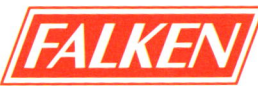

Zum gleichen Themenbereich sind im FALKEN Verlag bereits erschienen:
Schlank werden nach Dr. Hay – Trennkost (4298)
Gesund leben nach Dr. Hay – Schlank durch Trennkost (4475)
Das große Buch der Trennkost (4498)
Die aktuelle Trennkost (4685)
Das kleine 1 x 1 der Trennkost (1428)
Alles über die Haysche Trennkost (4771)
Leben mit Trennkost (4760)
Trennkost (60023)
Ursula Summs Trennkost-Küche (4852)
Trennkost für 1 Person (4851)
Erfahrungen mit Trennkost (60231)
Trennkost Backen (1608)

ISBN 3 8068 4746 0

© 1994/1996 by Falken-Verlag GmbH, 65527 Niedernhausen/Ts.

Umschlaggestaltung: Peter Udo Pinzer
Redaktion: Birgit Wenderoth
Titelbild: TLC-Foto-Studio GmbH, Velen-Ramsdorf
Fotos: TLC-Foto-Studio GmbH, Velen-Ramsdorf; Seite 14 o. re. und 14 u. li.:
A 63 Schilling & Schmitz, Köln; Seite 16: Fotostudio Eberle, Schwäbisch
Gmünd; Seite 11 o. li.: Fotostudio Wolfgang Feiler, Karlsruhe; Seite 1, 14 u. re.
und 15: Michael Wissing, Waldkirch

Satz: Libro, Kriftel bei Frankfurt
Druck: Karl Neef GmbH & Co., Wittingen

817 2635

Inhalt

Was ist Trennkost, und wie funktioniert sie?

Erstaunlich sind die Erfolge mit Trennkost: Durch die konsequente Umstellung der Ernährung (durch die Trennung von Eiweiß- und Kohlenhydratgerichten und durch eine veränderte Zusammensetzung der Nahrung) kommt es zu bemerkenswerten gesundheitlichen Besserungen: die Verdauung wird regelmäßiger, rheumatische Beschwerden können gelindert werden, Kreislaufbeschwerden, Schwindelgefühle, Migräne und Beeinträchtigungen während der Wechseljahre bessern sich. Und nicht zuletzt gibt es erstaunliche Erfolge bei Übergewicht. Nach oft vergeblichen Diätversuchen kommen viele erst mit der Trennkost zum Ziel: Die Pfunde auf der Waage purzeln.

Die Idee der Trennkost basiert auf den Erfahrungen des amerikanischen Arztes Dr. Howard Hay. Er litt lange unter einer Nierenerkrankung, die Ärzte konnten die Ursache nicht finden. So begann er, selbst zu experimentieren und fand dabei heraus, daß der Körper zu 20% aus sauren Elementen und zu 80% aus basischen besteht. Unter der Berücksichtigung, daß es sowohl säure- als auch basenbildende Lebensmittel gibt, stellte er seine Ernährung entsprechend um. Er verzehrte weniger säurebildende Lebensmittel (dies sind alle eiweißreichen Lebensmittel, wie Fleisch, Wurst, Fisch, Eier und Käse sowie verschiedene kohlenhydratreiche Lebensmittel, wie Zucker, Getreide, Reis und Kartoffeln), dafür aber mehr basenbildende (Gemüse, Salat, Obst und Keimlinge). Außerdem aß er solche, die einen hohen Kohlenhydratgehalt hatten, getrennt von solchen, die viel Eiweiß enthielten, denn er wußte, daß Eiweiß und Kohlenhydrate im Körper unterschiedlich verdaut werden. Nachdem Dr. Hay diese Ernährung eine Weile konsequent durchgehalten hatte, besserte sich sein Zustand zusehends – die Trennkost war geboren.

Das Säure-Basen-Gleichgewicht erhalten

Bei der Aufschlüsselung (Verdauung) von unserer Nahrung entstehen im Körper sowohl Säuren als auch Basen. In unserem Organismus muß jedoch immer ein Gleichgewicht zwischen Säuren und Basen herrschen, daher verfügt er über verschiedene Puffersysteme, die dieses regeln. Laut Dr. Hay stellt eine Ernährung, in der säurebildende Lebensmittel die Hauptrolle spielen, eine Belastung für den Körper dar (es kommt zu einer Übersäuerung), besonders, wenn dieser durch entsprechende Veranlagung oder Belastungen ohnehin schon überfordert ist. Eine Überbelastung durch basenbildende Lebensmittel hingegen gibt es nicht. Sie können vielmehr die Säuren im Körper binden und so „unschädlich" machen.

Was tun?

Man sollte säurebildende Lebensmittel zur Nebensache auf dem Teller erklären und basenbildende zur Hauptsache. In unserer heutigen „Standarderhnährung" ist das leider eher umgekehrt der Fall. Wir essen viel zu viel Fleisch, Wurst, Käse, Zucker u. ä. (also säurebildende Lebensmittel) und zu wenig Gemüse, Salat und Obst (also basenbildende Lebensmittel). Wenn wir das Verhältnis zugunsten der basenbildenden Lebensmittel verschieben, dann ergibt sich erst die Ernährung, die wir brauchen, um leistungsfähig, belastbar und gesund zu sein. Diese Veränderung der Lebensmittelauswahl hilft uns auch, uns vitamin-, mineralstoff- und ballaststoffreich zu ernähren.

Da unser Körper zu 20% aus sauren und zu 80% aus basischen Elementen besteht, sollte auch unsere Nahrung zu 20% aus säurebildenden und zu 80% aus basenbildenden Lebensmitteln zusammengesetzt sein, um das Gleichgewicht im Körper zu erhalten.

In der Praxis sieht eine trennkostgerechte Mahlzeit daher wie folgt aus:

Für eine Eiweißmahlzeit:
1 Teil säurebildende Lebensmittel (z. B. Fleisch, Fisch, Eier oder Käse) und 3 bis 4 Teile basenbildende Lebensmittel (Gemüse, Salat und Obst).

Für eine Kohlenhydratmahlzeit:
1 Teil säurebildende Lebensmittel (z. B. Kartoffeln, Reis, Nudeln oder Getreide) und 3 bis 4 Teile basenbildende (Gemüse, Salat und Obst).

Eiweiß und Kohlenhydrate trennen

Neben der eben beschriebenen Veränderung der Lebensmittelauswahl ist die Trennung von eiweiß- und kohlenhydratreichen Lebensmitteln die zweite wichtige Regel der Trennkostlehre nach Dr. Hay. Ißt man Eiweiß und Kohlenhydrate nicht zusammen, sondern zeitlich voneinander getrennt, hat der Verdauungsapparat genügend Zeit, sich in Ruhe zunächst z. B. um die Eiweiße und dann um die Kohlenhydrate zu kümmern. Müßte er beides gleichzeitig verdauen, wäre er überfordert. Sie müssen sich Ihren Körper wie ein riesiges Biochemielabor vorstellen, in dem jedes Organ (die Leber, die Nieren, die Bauchspeicheldrüse, der Magen und der Darm) ganz unterschiedliche Aufgaben zu erfüllen hat, bis die Nahrung dann verdaut ist. Er ist völlig überlastet, wenn in jeder Abteilung gleichzeitig Hochbetrieb herrscht.

Neben Lebensmitteln, die man eindeutig der Eiweiß- oder der Kohlenhydratgruppe zuordnen kann, gibt es in der Trennkost auch noch solche, die unter „neutral" fallen. Diese verhalten sich bei der Verdauung neutral (d. h. sie behindern die Abläufe nicht) und können daher mit Lebensmitteln der Eiweißgruppe als auch mit solchen der Kohlenhydratgruppe in einer Mahlzeit kombiniert werden.

Gesäuerte Milchprodukte gehören beispielsweise in diese neutrale Gruppe. Eigentlich würden sie unter die Eiweißgruppe fallen. Aber da ihr Eiweiß durch die Säuerung verändert wurde, sind sie leichter verdaulich und gelten somit als neutral. Auch rohes Fleisch und roher Fisch würden eigentlich unter die eiweißreichen Lebensmittel fallen. Sie gehören aber in die neutrale Gruppe, weil ihre Zellstrukturen durch den fehlenden Garprozeß unverändert und daher ebenfalls besser verdaulich sind.

In dem Trennungsplan auf den nächsten Seiten finden Sie eine detaillierte Auflistung, welche Lebensmittel in welche der drei Gruppen gehören. In diesem Plan befinden sich auch Lebensmittel, die man nicht zu häufig essen sollte, z. B. rohes Fleisch, Wurst, Gepökeltes und Geräuchertes. Ich habe sie aber dennoch aufgenommen, um Ihnen zu zeigen, zu welcher der drei Gruppen sie gehören. So überlasse ich es Ihnen, zu entscheiden, ob und wie häufig Sie sie essen möchten oder nicht.

Trennungsplan

Innerhalb einer Mahlzeit dürfen zur Eiweiß- und zur Kohlenhydratgruppe gehörende Lebensmittel nicht miteinander gemischt werden. Folgende Kombinationen sind aber möglich:

● Lebensmittel aus der Kohlenhydrat- und der neutralen Gruppe.
● Lebensmittel aus der Eiweiß- und der neutralen Gruppe.

Eiweißgruppe

Fleischsorten in gegartem Zustand

Das sind z. B.:
vom Rind: Braten, Rouladen, Gulasch, Steaks, Hackfleischgerichte, Sauerbraten, Filet und Geschnetzeltes;
vom Kalb: Schnitzel, Braten;
vom Lamm: Kotelett, Rücken, Keule; Schweinefleisch ist nicht empfehlenswert;
gegarte Geflügelsorten, z. B. Putenrollbraten, -schnitzel und -brust sowie Putengeschnetzeltes, Gans, Ente, Grillhähnchen, Poulardenbrust;
gegarte Wurstsorten, z. B. gebratene Bratwurst, Fleischwurst, Leberkäse, Rindswurst, Knacker, Corned beef, gekochter Schinken, Geflügelwurst (Wurstwaren aus Schweinefleisch sind nicht empfehlenswert, aber viele Wurstsorten sind auch ohne Zusatz von Schweinefleisch erhältlich);
ungeräucherte, gegarte Fischsorten sowie gegarte Schalen- und Krustentiere, z. B. Scholle, Kabeljau, Seelachs, Lachs, Thunfisch, Makrele, Heilbutt, Hering, Hecht, Forelle, Muscheln, Garnelen, Hummer, Krebse;
Sojaprodukte, z. B. Tofu, Sojasauce sowie mit Soja hergestellte Brotaufstriche;
Milch aller Fettstufen;
Käsesorten mit höchstens 50% Fett i. Tr., z. B. Harzer, Parmesan, Emmentaler, Edamer, Gouda;
Eier;
gekochte Tomaten (auch Tomaten aus der Dose und Tomatenmark);
Kernobstsorten (außer mürben, süßen Äpfeln);
Steinobstsorten sowie Zitrusfrüchte (z. B. Orangen, Zitronen und Grapefruits);
exotische Obstsorten (außer Bananen, frischen Feigen und Datteln), z. B. Mangos, Papayas, Kiwis, Melonen;
Getränke, z. B. Früchtetee, Apfelwein, herber Weiß- und Rotwein sowie Sherry und Fruchtsaft.

Tips. Frikadellen werden statt mit Brötchen mit Quark oder fein geriebenen Möhren lockerer. Verwenden Sie zum Panieren von Lebensmitteln aus der Eiweißgruppe keine Semmelbrösel, sondern Sesam, gemahlene Mandeln oder Nüsse.

Neutrale Gruppe

Die neutralen Lebensmittel dürfen innerhalb einer Mahlzeit sowohl mit Lebensmitteln aus der Eiweiß- als auch aus der Kohlenhydratgruppe gemischt werden. Neutral sind:
süße Sahne und Kaffeesahne;
gesäuerte Milchprodukte, z. B. Quark, Joghurt, Kefir, Sahnedickmilch, saure Sahne und Buttermilch, aber auch vergorenes Molkekonzentrat (Molkosan, siehe Seite 16);
Käsesorten mit mindestens 60% Fett i. Tr., z. B. Doppelrahmfrischkäse, Rahmgouda, Butterkäse, Camembert;
Weißkäsesorten, z. B. Schafs- und Ziegenkäse, Mozzarella, körniger Frischkäse;
Fette, z. B. Öle (kaltgepreßte bevorzugen), ungehärtete Margarinesorten mit einem hohen Anteil an mehrfach ungesättigten Fettsäuren (aus dem Reformhandel) und Butter, aber auch schmalzähnlicher, pflanzlicher Brotaufstrich (im Reform- oder Naturkosthandel unter der Markenbezeichnung „Holstener Liesel" zu finden);
rohes Fleisch, z. B. Tatar (sollte aber möglichst gemieden werden);
rohe, geräucherte Wurstwaren, z. B. Bündner Fleisch, roher Schinken, Salami, Blutwurst, Debrecziner (alle oben genannten Sorten sind auch ohne Zusatz von Schweinefleisch erhältlich);
rohe, marinierte oder geräucherte Fischsorten, z. B. Schillerlocke, Bückling, Aal, Makrele, Forelle, Räucherlachs, Matjes, Bismarckhering;
folgende Gemüse- und Salatsorten sowie Pilze: Auberginen, Artischocken, Brokkoli, Blumenkohl, grüne Bohnen, grüne Erbsen, Fenchel, Gurken, Knoblauch, Kohlrabi, frischer Mais, Möhren, Paprika, Peperoni, Porree, Radieschen, Rettich, rote Beten, Rosenkohl, Rotkohl, Sauerkraut, Sellerie, Spargel, Spinat, rohe Tomaten, Weißkohl, Wirsing, Zwiebeln, Zucchini, alle Blattsalate (auch z. B. Eisberg-, Endivien- und Feldsalat), Chicorée und Chinakohl sowie alle Pilzsorten;
Sprossen und Keimlinge;
Oliven;
Kräuter und Gewürze sowie Senf;

Nüsse und Samen (außer Erdnüssen), z. B. Haselnüsse, Kokosraspel, Mandeln, Sesam; ungeschwefelte **Rosinen;**
Heidelbeeren;
Eigelb;
Geliermittel, z. B. Gelatine (tierisches Produkt), Agar-Agar (eine pulverisierte Meeresalge – das Pulver wird in kalter Flüssigkeit aufgelöst, man erhitzt das Ganze auf 60–80 °C und läßt es erkalten), pflanzliches Bindemittel aus Johannisbrotkernmehl (aus dem Reformhaus);
Hefe;
Kräutertees;
klare, hochprozentige Spirituosen, z. B. Korn und Wacholderbrand.

<u>Tips</u>: Saucen für Salate, die zusammen mit einer Eiweißmahlzeit gegessen werden, sollten aus Öl, Sahne, Zitronensaft und Kräutern zubereitet werden. Saucen für mit Kohlenhydratmahlzeiten kombinierte Salate sollten aus angesäuerten Milchprodukten, wie z. B. Kefir, Sahnedickmilch und Joghurt oder aus vergorenem Molkekonzentrat (Molkosan) bestehen.

Kohlenhydratgruppe

Getreide, z. B. Dinkel, Weizen, Roggen, Gerste, Hafer, Grünkern, Hirse, getrockneter Mais, Naturreis;
Buchweizen;
Vollkorngetreideerzeugnisse, z. B. Vollkornbrot und -brötchen, Kuchen aus Vollkornmehl, Vollkornnudeln, Vollkorngrieß;
folgende Gemüse- und Obstsorten: Grünkohl, Kartoffeln, Schwarzwurzeln, Topinambur, Bananen, Datteln, Feigen, ungeschwefeltes Trockenobst (außer Rosinen – sie sind neutral, Korinthen hingegen zählen zu den Kohlenhydraten) und mürbe, süße Äpfel;
folgende Süßungsmittel: Ahornsirup, Apfel- und Birnendicksaft, Frutilose. In kleinen Mengen können diese Süßungsmittel auch in Eiweiß- und neutralen Gerichten verwendet werden.
Bier;
Verschiedenes, z. B. Kartoffelstärke, Weinsteinbackpulver, Puddingpulver, Carobe (gemahlene Frucht des Johannisbrotbaumes).

<u>Tip:</u> Getreidebratlinge werden nur mit Vollkornsemmelbröseln, gemahlenen Nüssen oder Sesam paniert und nicht vorher in Ei gewendet.

Bitte meiden Sie:
Zucker, Süßstoffe und damit hergestellte Produkte, z. B. Süßigkeiten und Marmeladen;
Fertiggerichte und Konserven;
weißes Mehl und daraus hergestellte Produkte, z. B. süße und pikante Backwaren sowie Nudeln;
polierten Reis;
getrocknete Hülsenfrüchte, z. B. Erbsen, Linsen, Bohnen;
Preiselbeeren;
Erdnüsse;
rohes Fleisch;
Schweinefleisch sowie alle daraus hergestellten Produkte;
gehärtete Fette, z. B. normale Margarinesorten und feste, weiße Fritier- und Bratfette (Plattenfette);
rohes Eiweiß von Eiern;
fertige Mayonnaise;
Essig;
schwarzen Tee, Kaffee, Kakao und hochprozentige Spirituosen.
Ob Sie auf die unter dieser Rubrik genannten Lebensmittel ganz verzichten, bleibt Ihnen überlassen.

Generell sollten Sie nur wenig Fleisch zu sich nehmen. Das gilt auch für Geräuchertes (neutral) und Gepökeltes (Eiweißgruppe), das Stoffe enthält, von denen man annimmt, daß sie die Entstehung von Krebs fördern können. Auch hier liegt es in Ihrem Ermessen, ob Sie ganz auf solche Nahrungsmittel verzichten.
Achten Sie auch auf Ihren Salzkonsum. Allzuviel Salz ist ungesund. Besonders Wurst, Käse und Fertigprodukte, aber auch Brot, enthalten viel Salz.
Dr. Hay rät besonders Nierenkranken vom Verzehr großer Mengen Spinat, Rhabarber, Kastanien, Meerrettich, Senf und Pfeffer ab.

Erklärung der Farben
blau = Lebensmittel der Eiweißgruppe
grau = neutrale Lebensmittel
rot = Lebensmittel der Kohlenhydratgruppe

Tagesplan

Hier erfahren Sie, wie eine optimale Mahlzeitverteilung nach dem Trennkostprinzip aussehen kann. Die Gewichtsangaben und die Uhrzeiten auf diesem Plan sind selbstverständlich nur ungefähre Richtlinien und sollten von Ihnen selbst erprobt werden.

Wenn Sie auf Kaffee oder schwarzen Tee nicht verzichten möchten, sollten Sie ihn mit etwas Sahne, eventuell auch mit Honig verfeinern.
<u>Wichtig</u>: Jeden Frühstücksbissen sorgfältig kauen.

1 Glas (etwa 200 ml) natriumarmes, stilles Mineralwasser

1 großes Glas (etwa 200 ml) Früchte- oder Kräutertee oder natriumarmes, stilles Mineralwasser

1 großes Glas (etwa 200 ml) Früchte- oder Kräutertee oder natriumarmes, stilles Mineralwasser

Frühstück:
Hier haben Sie die Wahl zwischen einer Kohlenhydrat-, einer Eiweiß- und einer Obstmahlzeit

Kohlenhydratmahlzeit:
1 Vollkornbrötchen
oder 1 Scheibe Vollkornbrot (50 g)
oder 3 Scheiben Vollkornknäckebrot;
diese dünn mit Butter, Margarine oder Quark bestreichen und mit folgendem belegen bzw. bestreichen:
    20 g Käse ab 60% Fett i. Tr. (ca. 1 Scheibe)
oder 50 g Quark (ca. 2 EL), dann aber das Brot zuvor nicht mit Quark bestreichen
oder 20 g rohe Wurst (ca. 3 dünne Scheiben)
oder 2 TL Honig

Eiweißmahlzeit:
2 Eier (als Spiegeleier, Rühreier oder gekocht)
(Mehr als 3 Eier pro Woche sind nicht empfehlenswert.)
dazu: Gurken, Paprikaschoten, Radieschen, Tomaten oder ein anderes neutrales Gemüse, aber <u>kein</u> Brot

Obstmahlzeit:
frisches Obst der Saison (außer Bananen, frischen Feigen und Datteln) in beliebiger Menge

Zwischenmahlzeit:
    200 g Obst der Saison (aber keine Bananen, frische Feigen und Datteln)
oder 100 g Obst (aber keine Bananen, frische Feigen und Datteln) und dazu ⅛ l Milch oder 125 g angesäuerte Milchprodukte
oder ¼ l frische Milch
oder 250 g angesäuerte Milchprodukte
oder eine eiweißreiche Zwischenmahlzeit

1 großes Glas (etwa 200 ml) Früchte- oder Kräutertee oder natriumarmes, stilles Mineralwasser

Mittagessen:
Mittags haben Sie die Wahl zwischen einer Eiweiß- und einer Kohlenhydratmahlzeit

Eiweißmahlzeit:
    100–150 g Fleisch
oder   80 g gegarte Wurstsorten,
oder 150–200 g Fisch
oder   60 g Käse bis 50% Fett i. Tr.
oder 2 Eier;
dazu 400 g neutrales Gemüse und Salat

Zwischenmahlzeit:

    1 Banane
oder 1 Scheibe Knäckebrot mit Honig
oder 2 EL Quark mit 1 TL Honig
oder 1 EL Vollkornhaferflocken und 1 Becher
    Joghurt
oder 200 g angesäuerte Milchprodukte
oder 1 Müsliriegel ohne Zucker
oder eine kohlenhydratreiche Zwischenmahlzeit
(Keine Frischmilch trinken, da sie nachmittags
schwerer verdaulich ist.)

1 großes Glas (etwa 200 ml) Früchte- oder Kräutertee oder natriumarmes, stilles Mineralwasser

Kohlenhydratmahlzeit:
    150 g Kartoffeln (3 Stück)
oder   50 g Naturreis (roh gewogen)
oder 100 g Vollkornnudeln (roh gewogen)
oder   30 g Getreide (roh gewogen);
dazu 400 g Gemüse und Salat
Hierzu können noch 30–50 g neutrale Lebensmittel oder Speisen gegessen werden (siehe Trennungsplan Seite 8 und 9).
Zusätzlich zu den Zutaten für die Eiweiß- oder
Kohlenhydratmahlzeit können Sie kleine Mengen
Butter, Margarine, Öl oder Sahne verwenden. Sie
sind alle neutral und passen immer dazu.
Während einer Hauptmahlzeit sollten Sie nichts
trinken. Falls Sie nicht darauf verzichten möchten,
trinken Sie die Flüssigkeit nur schluckweise.

1 großes Glas (etwa 200 ml) Früchte- oder Kräutertee oder natriumarmes, stilles Mineralwasser

Abendessen:

Abends haben Sie die Auswahl bei den Kohlenhydratgerichten
    100 g Vollkornbrot
oder   50 g Naturreis (roh gewogen)
oder   30 g Getreide (roh gewogen)
oder 100 g Vollkornnudeln (roh gewogen)
oder 150 g Kartoffeln (3 Stück);
dazu 400 g Gemüse und Salat, 30–50 g neutrale
Lebensmittel und in kleinen Mengen Butter, Margarine, Öl oder Sahne

1 großes Glas (etwa 200 ml) Früchte- oder Kräutertee oder natriumarmes, stilles Mineralwasser

1 großes Glas (etwa 200 ml) Früchte- oder Kräutertee oder natriumarmes, stilles Mineralwasser

Schnelle Küche
ist keine Hexerei

Keiner hat Lust, lange in der Küche zu stehen – auch wenn er sich nach dem Trennkostprinzip ernähren und sich etwas Gutes tun möchte. Kluge Planung, sinnvoller Einkauf, vernünftige Vorratshaltung, moderne, einfache Küchentechnik und nicht zuletzt die entsprechenden Rezepte helfen jedoch dabei, sich ohne großen Zeitaufwand und mit wenig Kosten gesund zu ernähren.

In diesem Buch finden Sie eine Vielzahl an Rezepten, die auf die „schnelle Küche" zugeschnitten sind: Die Arbeitsabläufe sind geschickt geplant – das spart Zeit. Die Zutaten sind so ausgewählt, daß keine Reste übrigbleiben – das spart Geld. Alle Zutaten sind frisch; es werden keine Fertigprodukte oder Konserven verwendet, höchstens einmal Halbfertigprodukte als Alternative – das ist der Gesundheit zuträglich.

Sinnvoller Einkauf

Wichtig für den Einkauf ist immer eine vernünftige Planung. Machen Sie sich eine Übersicht, was Sie in dieser Woche essen möchten, und schreiben Sie sich auf, was Sie dafür an frischen Zutaten benötigen. Für den Einkauf von länger haltbaren Lebensmitteln sollten Sie außerdem eine Checkliste haben, die Sie jeweils vor dem Einkauf zu Haus kontrollieren: Was ist noch vorhanden, was wird in absehbarer Zeit benötigt?

Damit alles schön frisch auf den Teller kommt, sollten Sie frische Zutaten, wie z. B. Obst, Gemüse (auch Kartoffeln), Kräuter, Brot, Fleisch und Fleischwaren sowie Milchprodukte jeden zweiten Tag einkaufen. Wenn Sie einen Wochenmarkt in der Nähe haben, nutzen Sie diesen, besonders die günstigen Angebote der Saison. Bei länger haltbaren Lebensmitteln, wie z. B. bei Instant-Brühe, Tomatenmark, Reis und Nudeln, reicht es, wenn Sie Ihre Vorräte jeweils beim 14tägigen Großeinkauf ergänzen. Kaufen Sie dabei immer die kleinstmögliche Menge, dann bleiben die Packungen oder Gläser nicht zu lange geöffnet im Kühlschrank.

Und noch eins: Lassen Sie sich von einer noch so freundlichen Verkäuferin nicht mehr „andrehen", als Sie wirklich brauchen. Wenn Sie 5 Scheiben

Käse haben möchten, dann „darf es nicht etwas mehr sein". Alles das, was Sie zuviel mit nach Haus bringen, essen Sie schließlich doch auf, obwohl Sie das eigentlich nicht wollten. Also, bleiben Sie hart! Gehen Sie auch nie hungrig einkaufen, Sie kommen sonst immer mit mehr zurück als auf Ihrem Zettel stand. Die Gefahr ist dann groß, daß Sie die so erstandenen Lebensmittel doch nebenbei aufessen und so mit Ihrer Trennkost und Ihren Pfunden durcheinander kommen. Daher gilt die Devise: Lieber zuwenig als zuviel. Auch aus knappen Vorräten läßt sich noch eine Mahlzeit zaubern, und wenn es Spaghetti mit etwas Butter und vielen frischen Kräutern sind.

Richtige Organisation

Durch richtige Planung und Organisation läßt sich beim Kochen viel Zeit sparen. So bietet sich „Kombinationskochen" für die schnelle Küche ganz besonders an: Sie kochen von einem Lebensmittel im Ausgangsrezept die doppelte Menge und verwenden davon den gegarten Rest für ein Anschlußrezept.

Manche Gemüsesorten kann man z. B. nicht in kleinen Portionen kaufen, wie z. B. Blumenkohl. Kaufen Sie dann den ganzen Kohl, kochen Sie ihn, und verwenden Sie die im Rezept angegebene Menge. Den restlichen gekochten Blumenkohl können Sie für eine andere Mahlzeit verwenden.

Schauen Sie dazu im Rezeptverzeichnis nach einem sogenannten „Anschlußrezept". Dieses enthält in seiner Zutatenliste ein bereits gegartes Lebensmittel (im Rezeptverzeichnis sind Anschlußrezepte durch einen kleinen Stern gekennzeichnet). In unserem Fall benötigen Sie ein Rezept mit gekochtem Blumenkohl, z. B. einen Blumenkohlsalat (siehe Seite 44). Diesen können Sie dann abends oder am nächsten Mittag zubereiten. So sparen Sie Zeit und Energie, denn ein zweites Kochen des Blumenkohls entfällt.

So wie mit größeren Gemüseportionen können Sie auch mit Kartoffeln verfahren. Wenn Sie z. B. frische Pellkartoffeln zum Kräuterquark benötigen, kochen Sie gleich 1 oder 2 Portionen (je 3 Stück) mehr mit. Lassen Sie diese gut abdampfen, und stellen Sie sie abgekühlt in den Kühlschrank (niemals bei Zimmertemperatur aufbewahren). Dort bleiben die Kartoffeln 2 bis 3 Tage frisch. Diese Vorratsportionen sind dann z. B. die Grundlage für ein schnelles Pfannengericht, für Bratkartoffeln oder für einen Kartoffelsalat.

Das gleiche gilt für Reis und Nudeln. Hier gibt es noch einen Trick, wenn Sie einen Gefrierschrank oder ein recht großes Gefrierfach haben: Kochen Sie mehrere Portionen, füllen Sie sie portionsweise in Gefrierbehälter, und frieren Sie sie ein. So haben Sie für jede Reis- oder Nudelmahlzeit die richtige Portion gleich parat. Die tiefgefrorenen Portionen können Sie dann in der Mikrowelle oder, z. B. bei Pfannengerichten, in der Pfanne erwärmen.

Mögliche Kombinationen von Ausgangs- und Anschlußrezepten aus diesem Buch:

Kartoffeln

<u>Ausgangsrezepte (Kartoffeln kochen):</u>
Kartoffeln mit Dill-Gurken-Quark (Seite 58)
Kartoffeln mit Knoblauchcreme (Seite 28)
Matjesfilets mit grünen Bohnen (Seite 55)
Radieschencreme mit Kartoffeln (Seite 55)
Spargel mit Schinken und Kartoffeln (Seite 55)

<u>Anschlußrezepte (mit gekochten Kartoffeln):</u>
Bauernfrühstück (Seite 57)
Gurken-Kartoffel-Pfanne (Seite 47)
Kartoffel-Porree-Gratin (Seite 47)
Kartoffelsalat mit Speck (Seite 52)
Matjes mit Bratkartoffeln (Seite 58)
Überbackene Kartoffelpfanne (Seite 58)

Reis

<u>Ausgangsrezept (Reis kochen):</u>
Zucchini-Reis-Pfanne (Seite 61)

<u>Anschlußrezepte (mit gekochtem Reis):</u>
Chicorée-Reis-Pfanne (Seite 61)
Gebratener Reis mit Gemüse (Seite 63)
Gurkenragout mit Forelle (Seite 62)
Spinat-Reis-Pfanne (Seite 61)

Nudeln

<u>Ausgangsrezepte (Nudeln kochen):</u>
Bandnudeln mit Zucchinisauce
(Seite 66)
Spaghetti mit Pesto (Seite 66)

<u>Anschlußrezepte (mit gekochten Nudeln):</u>
Käsespätzle mit Salat (Seite 64)
Nudelgratin mit Champignons (Seite 47)
Nudelpfanne mit Pilzen (Seite 65)

Hähnchenbrustfilet

<u>Ausgangsrezepte (Fleisch braten):</u>
Hähnchenbrust in Orangensauce mit
Spargel (Seite 71)
Huhn mit Mandeln (Seite 73)

<u>Anschlußrezept (mit gebratenem Fleisch):</u>
Geflügelsalat (Seite 44)

Spargel

<u>Ausgangsrezepte (Spargel kochen):</u>
Hähnchenbrust in Orangensauce mit
Spargel (Seite 71)
Spargel mit Schinken und Kartoffeln (Seite 55)

<u>Anschlußrezept (mit gekochtem Spargel):</u>
Feldsalat mit Spargel (Seite 30)

Das Handwerkszeug zum Kochen

Damit bei der Zubereitung Ihrer Gerichte alles schnell und einfach abläuft, brauchen Sie eine solide Grundausstattung zum Kochen. Dazu gehören folgende Dinge:

- 1 gute, beschichtete Pfanne. Gehen Sie sorgsam mit ihr um (keine Pfannenwender aus Metall, Pfanne nie zu stark erhitzen), denn die Beschichtung muß einwandfrei sein, damit nichts anbrät und damit Sie mit wenig Fett auskommen.
- 2 kleine Töpfe mit Deckel aus Edelstahl oder mit Antihaftbeschichtung. Nützlich ist auch ein Dämpfeinsatz, in dem Sie Gemüse vitaminschonend garen können.
- Nützlicher als eine große Küchenmaschine ist ein guter Gemüsehobel (mit Handschutz). Damit können Sie Gemüse z. B. in feine oder grobe Stifte und in dünne oder dicke Scheiben schneiden, ohne sich dabei die Finger zu verletzen.
- Zum Pürieren von Suppen (besonders bei kleinen Portionen) brauchen Sie keinen Mixer. Hier genügt ein elektrischer Schneidstab (Pürierstab).
- Zum Zerhacken von Nüssen und Kräutern, zur Herstellung von Semmelbröseln aus Vollkorntoastbrot, für die Zubereitung von Hackfleisch für Klößchen ist ein Blitzhacker sehr praktisch.

- 1 Satz guter, rostfreier Messer sollte in Ihrer Küche auch nicht fehlen. 1 kleines, 1 mittelgroßes und 1 großes Messer genügen. Und scharf müssen sie sein. Ebenfalls unentbehrlich ist ein Kartoffelschälmesser (Sparschäler).

Immer wichtiger in der Küche wird die Hygiene. Auch wenn Sie glauben, immer alles sauber zu handhaben, gibt es Dinge, die nach den neuesten Erkenntnissen doch verbesserungsbedürftig sind. In diesem Zusammenhang ist das Thema Salmonellen sehr aktuell. Z. B. in rohem Geflügelfleisch sind Salmonellen sehr häufig zu finden. Waschen Sie sich daher nach jedem Kontakt mit rohem Geflügel gut die Hände, bevor Sie andere Lebensmittel anfassen, und waschen Sie nach dem Kochen auch die Handtücher. Ein Holzbrett, das Sie nur unter handwarmem Wasser abspülen können, ist ebenfalls ein Tummelplatz für Bakterien. Verwenden Sie deshalb gerade bei Geflügel Kunststoffbretter oder besser noch Porzellanteller, die Sie in der Spülmaschine oder mit heißem Wasser reinigen können. Auch ein Spültuch ist geradezu ein Eldorado für Bakterien. Kochen Sie es daher immer aus, und verwenden Sie es nicht zu lange.

Mit diesen Hinweisen möchte ich Ihnen selbstverständlich nicht den Appetit verderben und die Lust am Kochen nehmen. Ein wenig Umsicht bei solchen Dingen kann jedoch nie schaden.

Hinweise zu den Rezepten

● Bis auf wenige Ausnahmen sind die Rezepte dieses Buches so konzipiert, daß die Gerichte in maximal ½ Stunde fertig gekocht sind.

● Damit Sie wissen, welche Rezepte in welche der drei Lebensmittelgruppen gehören, sind die Rezeptnamen verschiedenfarbig ausgezeichnet.

rot = Kohlenhydratgericht
blau = Eiweißgericht
grau = neutrales Gericht

● Die Rezepte sind generell für 1 Person gedacht. Wenn Sie mehr zubereiten möchten, können Sie die Zutatenmengen problemlos umrechnen.

● Die Angaben zu Kilokalorien (kcal) und Kilojoule (kJ) beziehen sich immer auf 1 Portion.

● Die Zutatenmengen beziehen sich in der Regel auf die ungeputzte Rohware.

● Die Zubereitungszeit in den Rezepten beinhaltet sowohl die Vorbereitungszeit (waschen, putzen, kleinschneiden) als auch die Gar- oder Backzeit. Es handelt sich dabei um Durchschnittswerte. Besondere Zeiten, wie Zeit zum Kühlen, sind extra ausgewiesen.

● Sie können die Rezepte selbstverständlich nach eigenem Geschmack verändern. Ziehen Sie dazu aber bitte den Trennungsplan auf den Seiten 8 und 9 zu Rate, damit die Rezepte trennkostgerecht bleiben.

● Viele Gerichte in diesem Buch lassen sich problemlos abends zubereiten und dann am nächsten Tag mit an die Arbeit nehmen. Salate, die keinen Blattsalat enthalten, können Sie schon abends mischen und über Nacht in einer verschlossenen Dose in den Kühlschrank stellen. Bei Salaten, die mit Blattsalat zubereitet werden, empfiehlt es sich, Salatzutaten und Dressing über Nacht getrennt im Kühlschrank zu lagern und beides erst kurz vor dem Verzehr zu mischen. So fällt der Blattsalat nicht zusammen.

Im Kapitel „Kleine Gerichte" (Seite 35 bis 51) finden Sie zusätzlich viele Tips, wie Sie die Speisen für ein Lunchpaket zubereiten und verpacken können – ideal für Berufstätige.

● Einige der in den Rezepten verwendeten Zutaten sind fast ausschließlich im Naturkosthandel (Reformhäuser, Bioläden) erhältlich:
Molkosan (vergorenes Molkekonzentrat) wird in der Trennkost als Essigersatz verwendet.

Vegetarische Gemüsebrühe in Form von Instant-pulver wird von verschiedenen Herstellern an-geboten. Sie wird nur aus pflanzlichen Zutaten hergestellt und ist daher cholesterinfrei. Außer-dem enthält sie kein Gluten und keine gehärteten Fette.

● Um Kalorien einzusparen, wird in den Rezepten statt herkömmlichem Quark immer Cremquark verwendet. Dieser enthält nur 0,2% Fett, schmeckt aber so cremig wie ein normaler Speisequark. Cremquark eignet sich besonders gut für Süßspei-sen, Salatsaucen und pikante Quarkzubereitun-gen, nicht jedoch zum Backen. Falls Sie ihn einmal nicht erhalten sollten, nehmen Sie statt dessen Magerquark. Auch dieser enthält sehr wenig Fett, ist aber nicht so cremig wie Cremquark.

● In den Rezepten wird ausschließlich Naturreis verwendet. Dieses ist ungeschälter Reis, der im Gegensatz zu poliertem weißen Reis viele Ballast-stoffe, Vitamine und Mineralstoffe enthält.

● Bei Nudeln wird in den Rezepten fast immer die Vollkorn-Variante verwendet, denn Vollkorn-nudeln enthalten im Gegensatz zu Weißmehl-nudeln noch wichtige Inhaltsstoffe (Ballaststoffe, Mineralstoffe etc.).

● Bei der Auswahl von Ölen und Fetten sollten Sie folgendes beachten: Empfehlenswert sind natur-belassene, kaltgepreßte, unraffinierte Öle, denn sie enthalten viele wertvolle mehrfach ungesät-tigte Fettsäuren. Z.B. Oliven-, Sonnenblumen-, Distel-, Weizenkeim-, Leinsamen- und Maiskeimöl sind in dieser Qualität erhältlich. Verwenden Sie zum Kochen möglichst nur Sonnenblumenöl, denn dieses kann man problemlos erhitzen.

Butter und ungehärtete Pflanzenfette, z.B. Reformhausmargarine mit einem hohen Anteil an ungesättigten Fettsäuren, sind ebenfalls empfehlenswert. Sie sollten sie aber nur in kleinen Mengen verwenden, denn sie enthalten viele Kalorien. Außerdem darf man diese Fette nicht stark bräunen oder sogar überhitzen.

Nicht empfehlenswert sind gehärtete Fette, wie z.B. normale Margarine oder Plattenfette (harte, weiße Fritierfette) sowie alle raffinierten Öle, wie z.B. normales Salatöl.

Verzeichnis der Abkürzungen

TL	= Teelöffel (gestrichen)
EL	= Eßlöffel (gestrichen)
g	= Gramm (1000 g = 1 kg)
kg	= Kilogramm
ml	= Milliliter (1000 ml = 1 l)
l	= Liter
Msp.	= Messerspitze
Std.	= Stunde(n)
Min.	= Minuten
kcal	= Kilokalorien (1 kcal = 4,2 kJ)
kJ	= Kilojoule
Fett i. Tr.	= Fett in der Trockenmasse
TK-...	= Tiefkühl-...
°C	= Grad Celsius

Rezepte

KÄSETOAST MIT TOMATEN

Zubereitungszeit: ca. 10 Min.

Zutaten:

2 Scheiben Vollkorntoastbrot

2 TL Butter oder ungehärtete Margarine

2 Scheiben Käse, 60% Fett i. Tr., z. B. Rahmgouda

1 Tomate

1 Frühlingszwiebel

Salz

schwarzer Pfeffer

Zubereitung:

1. Die Toastscheiben goldgelb toasten, mit Butter oder Margarine bestreichen und mit dem Käse belegen.

2. Die Tomate waschen, putzen und in Scheiben schneiden. Die Frühlingszwiebel waschen, putzen und in Ringe schneiden.

3. Tomatenscheiben und Zwiebelringe auf die Käsebrote verteilen und alles mit Salz und Pfeffer würzen.

ca. 350 kcal/1455 kj

(auf dem Foto: oben)

RÜHREI MIT CHAMPIGNONS

Zubereitungszeit: ca. 20 Min.

Zutaten:

150 g Champignons

1 Frühlingszwiebel

2 Eigelb

3 EL Mineralwasser

Salz

schwarzer Pfeffer

1 Msp. Butter oder ungehärtete Margarine

2 Scheiben Vollkorntoastbrot

3 Tomaten

1 EL Schnittlauchröllchen

Zubereitung:

1. Champignons und Frühlingszwiebel kurz waschen, putzen und in Scheiben schneiden. Die Eigelbe mit dem Mineralwasser sowie mit etwas Salz und Pfeffer verquirlen.

2. Die Butter oder die Margarine in einer beschichteten Pfanne erhitzen und Champignons sowie Frühlingszwiebel darin kurz braten. Die Eimasse dazugeben und unter gelegentlichem Wenden bei milder Hitze stocken lassen.

3. Inzwischen die Toastscheiben rösten und auf einen Teller legen. Die Tomaten waschen, putzen und vierteln. Sie auf einen kleinen Teller legen und mit Salz, Pfeffer und Schnittlauch bestreuen. Das Rührei auf die Toasts geben.

ca. 340 kcal/1420 kJ

(auf dem Foto: Mitte)

BUNTE KNÄCKEBROTE

Zubereitungszeit: ca. 10 Min.

Zutaten:

3 Scheiben Vollkornknäckebrot

3 TL Doppelrahmfrischkäse

3 Tomaten

1 TL flüssiger Honig

1 Scheibe Lachsschinken

Salz

schwarzer Pfeffer

1 EL Schnittlauchröllchen

Zubereitung:

1. Die Knäckebrote mit dem Frischkäse bestreichen. Die Tomaten waschen und putzen. Eine Tomate in Scheiben schneiden, die restlichen Tomaten vierteln.

2. Eine Brotscheibe mit dem Honig beträufeln. Die zweite Brotscheibe mit dem Lachsschinken und die dritte mit den Tomatenscheiben belegen.

3. Die Tomatenviertel auf ein Brettchen legen, mit Salz, Pfeffer und Schnittlauch bestreuen und zu den Broten essen.

ca. 265 kcal/1105 kJ

(auf dem Foto: unten)

SCHINKENBROT

Zubereitungszeit: ca. 10 Min.

Zutaten:

1 Scheibe Vollkornbrot
1 TL Butter oder ungehärtete Margarine
einige Salatblätter
1 Scheibe roher Schinken
1 Stück Gurke (50 g)
Salz
schwarzer Pfeffer
1 EL gehackte Petersilie

Zubereitung:

1. Das Vollkornbrot dünn mit Butter oder Margarine bestreichen. Mit den Salatblättern und dem Schinken belegen.
2. Die Gurke waschen, in dünne Scheiben schneiden und auf das Brot legen. Alles mit Salz, Pfeffer und Petersilie bestreuen.
ca. 205 kcal/865 kJ
(auf dem Foto: oben links)

PFIFFIGES FRÜHSTÜCKSBRÖTCHEN

Zubereitungszeit: ca. 10 Min.

Zutaten:

1 Vollkornbrötchen
1 TL Doppelrahmfrischkäse
1 TL flüssiger Honig
1 TL Senf
1 Scheibe Käse, 60% Fett i. Tr., z. B. Rahmgouda
einige Gurkenscheiben
Salz
Pfeffer
1 Banane

Zubereitung:

1. Das Vollkornbrötchen quer halbieren. Die eine Hälfte mit dem Frischkäse bestreichen und den Honig darauf träufeln.
2. Die andere Hälfte mit dem Senf bestreichen und mit Käse und Gurkenscheiben belegen. Mit Salz und Pfeffer würzen.
3. Die Banane dazu oder danach essen.
ca. 385 kcal/1630 kJ
(auf dem Foto: unten)

ZIMTQUARK MIT FRÜCHTEN

Zubereitungszeit: ca. 10 Min.

Zutaten:

5 EL Cremquark (0,2% Fett)
1 TL vergorenes Molkekonzentrat (Molkosan)
1 TL Honig
1 mürber Apfel
1 Banane
Zimtpulver
4 EL Müslimischung

Zubereitung:

1. Den Quark mit dem Molkekonzentrat und dem Honig glattrühren.
2. Den Apfel waschen, vierteln, entkernen und in kleine Stücke schneiden. Die Banane schälen und ebenfalls kleinschneiden.
3. Das Obst zusammen mit etwas Zimt unter den Quark heben. Diesen mit der Müslimischung bestreuen.
ca. 290 kcal/1215 kJ
(auf dem Foto: oben rechts)

EI MIT ALFALFA UND RADIESCHEN

Zubereitungszeit: ca. ¼ Std.

Zutaten:

6 Radieschen
1 Ei
1 Butterflöckchen (5 g)
Salz
schwarzer Pfeffer
1 EL Alfalfa (Luzernesprossen)
1 EL Sonnenblumenkerne

Zubereitung:

1. Die Radieschen putzen, waschen, in Scheiben schneiden und auf einen Teller legen.
2. Das Ei wachsweich kochen, dann pellen. Es in ein Schälchen legen, mit einem spitzen Messer oben etwas aufschneiden und das Butterflöckchen darauf setzen.
3. Das Ei mit Salz und Pfeffer würzen und mit dem Alfalfa sowie den Sonnenblumenkernen bestreuen. Dazu die Radieschen essen.
ca. 145 kcal/605 kJ
(auf dem Foto: oben)

BIRNENJOGHURT

Zubereitungszeit: ca. 10 Min.

Zutaten:

150 g Magermilchjoghurt
einige Tropfen Zitronensaft
etwas abgeriebene Schale einer unbehandelten Zitrone
1 TL ungeschwefelte Rosinen
1 Birne
1 TL gehackte Walnüsse

Zubereitung:

1. Den Magermilchjoghurt mit etwas Zitronensaft und Zitronenschale sowie mit den Rosinen in einem Schälchen verrühren.
2. Die Birne schälen, vierteln, entkernen und kleinwürfeln. Sie dann unter den Joghurt heben. Die Nüsse darüberstreuen.
ca. 185 kcal/765 kJ
(auf dem Foto: Mitte links)

VANILLEQUARK

Zubereitungszeit: ca. 10 Min.

Zutaten:

2 Nektarinen oder Pfirsiche
5 EL Cremquark (0,2% Fett)
einige Tropfen Zitronensaft
1 Msp. Vanillemark
1 EL gehackte Haselnüsse

Zubereitung:

1. Die Nektarinen oder die Pfirsiche waschen, halbieren, entsteinen und in Spalten schneiden. Einige davon für die Dekoration beiseite legen.
2. Das Obst mit dem Quark mischen und alles mit einem Schneidstab fein pürieren. Den Quark mit Zitronensaft und Vanillemark abschmecken.
3. Den Quark in ein Schälchen geben und mit den restlichen Obstspalten dekorieren. Die Nüsse darauf streuen.
ca. 230 kcal/950 kJ
(auf dem Foto: Mitte rechts)

HEIDELBEERDICKMILCH

Zubereitungszeit: ca. 10 Min.

Zutaten:

150 g frische Heidelbeeren oder ½ Päckchen TK-Beerencocktail, aufgetaut (150 g)
400 g Dickmilch
3 EL Orangensaft
1 EL Mandelblättchen

Zubereitung:

1. Die Beeren in ein Schälchen geben. Die Dickmilch mit dem Orangensaft glattrühren und darübergießen.
2. Die Mandelblättchen in einer Pfanne ohne Fettzugabe goldgelb rösten und auf die Dickmilch streuen.
ca. 380 kcal/1580 kJ
(auf dem Foto: unten)

Zwischenmahlzeiten und Desserts

RADIESCHENBROT

Zubereitungszeit: ca. 10 Min.

Zutaten:

1 Scheibe Vollkornbrot

2 TL körniger Frischkäse

1 Bund Radieschen

Salz, schwarzer Pfeffer

Zubereitung:

1. Das Brot mit dem Frischkäse bestreichen. Die Radieschen waschen und putzen. Einige davon in Scheiben schneiden, auf das Brot legen und mit Salz und Pfeffer würzen.
2. Die restlichen Radieschen zum Brot servieren.
ca. 170 kcal/695 kJ

CURRYCREMESUPPE

Zubereitungszeit: ca. ½ Std.

Zutaten:

1 Banane

1 Frühlingszwiebel

1 TL Butter oder ungehärtete Margarine

2 TL Currypulver

1 TL vegetarische Gemüsebrühe (Instantpulver)

1 TL Crème fraîche

Zubereitung:

1. Die Banane schälen und in Scheiben schneiden. Die Frühlingszwiebel putzen, waschen und in Ringe schneiden. Einige Bananenscheiben und Zwiebelringe beiseite legen.
2. Die Butter oder die Margarine in einem Topf zerlassen und die nicht beiseite gelegten Bananenscheiben und Frühlingszwiebeln darin anbraten. Alles mit dem Currypulver bestäuben, 150 ml Wasser und die Instant-Gemüsebrühe dazugeben und die Suppe ungefähr 10 Minuten köcheln lassen.
3. Die Suppe mit einem Schneidstab pürieren, die Crème fraîche hineinrühren und die Suppe noch einmal kurz erhitzen. Sie dann in eine Suppentasse geben und mit den beiseite gelegten Bananenscheiben und Zwiebelringen bestreuen.
ca. 155 kcal/655 kJ

MÖHRENCREMESUPPE

Zubereitungszeit: ca. ½ Std.

Zutaten:

1 Kartoffel
1 große Möhre (ca. 150 g)
1 Stückchen Knollensellerie (ca. 50 g)
1 TL vegetarische Gemüsebrühe (Instantpulver)
2 EL Petersilie
1 TL Paprikapulver edelsüß
Salz
schwarzer Pfeffer
1 EL Crème fraîche

Zubereitung:

1. Kartoffel, Möhre und Knollensellerie schälen, putzen und kleinschneiden. Dabei von der Möhre und dem Sellerie jeweils ein Stückchen zurückbehalten.

2. Das restliche Gemüse in ¼ l Wasser zusammen mit der Instant-Gemüsebrühe in etwa 20 Minuten sehr weich kochen.

3. Die zurückbehaltenen Möhren- und Selleriestückchen zusammen mit der Petersilie im Blitzhacker zerkleinern.

4. Die Suppe mit dem Schneidstab pürieren und mit Paprikapulver, Salz und Pfeffer abschmecken. Die Crème fraîche hineinrühren.

5. Das zerkleinerte Gemüse in die Suppe geben und diese noch einmal erhitzen, aber nicht mehr kochen lassen.
ca. 135 kcal/560 kJ

KARTOFFELN MIT KNOBLAUCHCREME

Zubereitungszeit: ca. ½ Std.

Zutaten:

3 Kartoffeln
Salz
3 EL Cremquark (0,2% Fett)
1 kleine Knoblauchzehe
schwarzer Pfeffer
½ Kästchen Kresse

Zubereitung:

1. Die Kartoffeln unter fließendem Wasser gut abbürsten und dann in Salzwasser als Pellkartoffeln kochen.

2. Inzwischen den Quark mit der geschälten und zerdrückten Knoblauchzehe sowie mit Salz und Pfeffer verrühren. Die Kresse abbrausen und abschneiden.

3. Den Quark zusammen mit den Kartoffeln anrichten und mit der Kresse bestreuen. Falls Sie neue Kartoffeln genommen haben, können Sie sie mitsamt der Schale essen.

ca. 135 kcal/560 kJ

(auf dem Foto: oben)

GURKENKALTSCHALE MIT DILL

Zubereitungszeit: ca. ¼ Std.
Kühlzeit: ¼ Std.

Zutaten:

150 g Salatgurke
75 g Magermilchjoghurt
1 TL Crème fraîche
1 Knoblauchzehe
Salz
schwarzer Pfeffer
2 EL gehackter Dill
1 Dillzweig

Zubereitung:

1. Die Gurke waschen und putzen. Dann 1 dicke Scheibe abschneiden, würfeln und beiseite stellen. Die restliche Gurke fein raspeln.

2. Joghurt, Crème fraîche, geschälte und zerdrückte Knoblauchzehe sowie Salz, Pfeffer und gehackten Dill in einer Schüssel verrühren.

3. Die Gurkenraspel mit der Joghurtsauce mischen und alles eventuell noch einmal mit Salz und Pfeffer abschmekken. Die Kaltschale für etwa ¼ Stunde in den Kühlschrank stellen.

4. Die Kaltschale anrichten. Mit den Gurkenwürfeln und dem Dillzweig garnieren.

ca. 70 kcal/290 kJ

(auf dem Foto: Mitte)

PIKANTER WEISSKOHLSALAT

Zubereitungszeit: ca. 25 Min.

Zutaten:

150 g Weißkohl
2 EL gehackte Haselnüsse
2 EL ungeschwefelte Rosinen
2 EL Magermilchjoghurt
1 EL Orangensaft
Salz
schwarzer Pfeffer

Zubereitung:

1. Den Weißkohl putzen, waschen und fein raspeln. Ihn mit den Nüssen und den Rosinen mischen.

2. Joghurt und Orangensaft in einem Schälchen verrühren und mit wenig Salz und Pfeffer abschmecken.

3. Die Sauce über die Salatzutaten geben, den Salat gut mischen und kurze Zeit durchziehen lassen.

ca. 295 kcal/1240 kJ

(auf dem Foto: unten)

FELDSALAT MIT SPARGEL

Zubereitungszeit: ca. 20 Min.

Zutaten:

1 Handvoll Feldsalat (ca. 50 g)
250 g gekochter grüner oder weißer Spargel
½ Frühlingszwiebel
Salz
schwarzer Pfeffer
einige Tropfen Öl
einige Tropfen Zitronensaft

Zubereitung:

1. Den Feldsalat verlesen, putzen, gut waschen und auf einen Teller geben. Den Spargel in Stücke schneiden und darauf verteilen.
2. Die Frühlingszwiebel putzen, waschen, in dünne Ringe schneiden und auf den Salat geben.
3. Den Salat mit Salz und Pfeffer würzen und mit Öl sowie Zitronensaft beträufeln.
ca. 55 kcal/230 kJ

Variationen:

Statt Feldsalat können Sie auch Chicorée, Endivie oder Kopfsalat nehmen. Außerdem läßt sich der Salat prima mit frischen Sprossen verfeinern.

MELONE MIT SCHINKEN

Zubereitungszeit: ca. 10 Min.

Zutaten:

½ Melone (z.B. Honigmelone), geschält und entkernt
einige Tropfen Zitronensaft
50 g Parmaschinken
grober Pfeffer aus der Mühle

Zubereitung:

1. Die Melone in Spalten schneiden, auf einen Teller legen und mit dem Zitronensaft beträufeln.
2. Den Parmaschinken in Röllchen oder in kleinen Häufchen neben der Melone anrichten und alles mit grobem Pfeffer übermahlen.
ca. 280 kcal/1175 kJ

APFELMUS MIT NUSS-SAHNE

Zubereitungszeit: ca. ½ Std.

Zutaten:

2 süße, mürbe Äpfel
1 TL Honig
1 EL vergorenes Molkekonzentrat (Molkosan)
1 EL Crème fraîche
1 Msp. Zimtpulver
1 TL gehackte Haselnüsse

Zubereitung:

1. Die Äpfel schälen, vierteln, entkernen und in kleine Stücke schneiden.
2. Die Apfelstücke in einem kleinen Topf zusammen mit 1 Eßlöffel Wasser, Honig und Molkekonzentrat in etwa 10 Minuten weichschmoren. Die Äpfel mit einem Schneidstab pürieren, in ein Schälchen füllen und abkühlen lassen.
3. Die Crème fraîche mit Zimt und Haselnüssen verrühren und als Klecks auf das Apfelmus setzen.
ca. 230 kcal/965 kJ

APFELQUARK

Zubereitungszeit: ca. 10 Min.

Zutaten:

1 süßlicher, mürber Apfel
2 EL Cremquark (0,2% Fett)
1 TL Apfeldicksaft
½ TL Zimtpulver

Zubereitung:

1. Den Apfel waschen und mit Schale raspeln.
2. Quark, Apfeldicksaft und Zimt unter die Apfelraspel heben.
ca. 115 kcal/475 kJ

HEIDELBEERSHAKE

Zubereitungszeit: ca. 5 Min.

Zutaten:

150 g Magermilchjoghurt
150 g Heidelbeeren (frisch oder tiefgekühlt)
1 Msp. Vanillemark
1 TL vergorenes Molkekonzentrat (Molkosan)
2 TL Kokosraspel

Zubereitung:

1. Joghurt, Heidelbeeren, Vanillemark und Molkekonzentrat zusammen im Mixer oder mit dem Schneidstab pürieren.

2. Den Shake mit den Kokosraspeln verrühren, in ein recht hohes Glas füllen und sofort servieren.

ca. 265 kcal/1125 kJ

GEBRATENE BANANE

Zubereitungszeit: ca. 10 Min.

Zutaten:

1 TL Butter oder ungehärtete Margarine
1 Banane
1 TL flüssiger Honig

Zubereitung:

1. Eine beschichtete Pfanne erhitzen und die Butter oder die Margarine darin zerlassen. Die Banane schälen, hineinlegen und im Fett rundherum goldbraun braten.

2. Die Banane auf einen Teller legen und mit dem Honig beträufeln.

ca. 145 kcal/600 kJ

KIWI-ERDBEER-SALAT

Zubereitungszeit: ca. ¼ Std.

Zutaten:

1 Kiwi, geschält, in Scheiben
150 g Erdbeeren, halbiert
1 EL Orangensaft oder -likör (nach Belieben)
1 TL gehackte Haselnüsse
einige Blättchen Zitronenmelisse

Zubereitung:

1. Kiwi und Erdbeeren auf einem Teller anrichten.
2. Das Obst mit dem Orangensaft oder dem -likör beträufeln und mit den Nüssen bestreuen. Den Salat mit Zitronenmelisse garnieren.
ca. 150 kcal/630 kJ

ORANGENSCHEIBEN MIT NÜSSEN

Zubereitungszeit: ca. ¼ Std.

Zutaten:

1 Orange
1 EL gehackte Walnüsse
einige Tropfen Zitronensaft
1 EL Orangenlikör

Zubereitung:

1. Die Orange sorgfältig schälen, dabei auch die weiße Haut vollständig entfernen. Dann die Orange in dünne Scheiben schneiden und auf einen flachen Teller legen.
2. Die Orangenscheiben mit den Walnüssen bestreuen und mit dem Zitronensaft sowie dem Likör beträufeln. Alles kurz durchziehen lassen.
ca. 155 kcal/650 kJ

GESCHMORTE SAUERKIRSCHEN

Zubereitungszeit: ca. ½ Std.

Zutaten:

250 g Sauerkirschen
1 TL Butter oder ungehärtete Margarine
1 Prise Zimtpulver
2 TL Mandelstifte
1 EL Crème fraîche
1 TL Orangensaft

Zubereitung:

1. Die Kirschen waschen und entsteinen. Die Butter oder die Margarine in einer beschichteten Pfanne zerlassen. Zimt und Mandelstifte darin kurz andünsten. Die Kirschen dazugeben und schmoren lassen, bis der Saft ziemlich eingekocht ist.
2. Die Kirschen in ein Schälchen füllen und etwas abkühlen lassen.
3. Die Crème fraîche mit dem Orangensaft verrühren und als Klecks auf die Kirschen geben.
ca. 270 kcal/1140 kJ

Variationen:

Statt der Sauerkirschen können Sie auch andere Obstsorten nehmen. Pflaumen z. B. werden nach dem gleichen Rezept zubereitet. Wenn Sie Aprikosen nehmen, müssen Sie beim Schmoren etwas Wasser angießen, damit das Kompott nicht zu dick wird. Gut geeignet sind auch frische Beeren. Da diese aber viel Saft enthalten, dürfen sie nur ganz kurz in etwas Fett geschmort werden.

Kleine Gerichte

MATJESBROTE

Zubereitungszeit: ca. 20 Min.

Zutaten:

1 Matjesfilet
¼ Salatgurke
2 Scheiben Vollkornbrot
3 EL Cremquark (0,2% Fett)
Salz
schwarzer Pfeffer
1 Zwiebel
2 EL Schnittlauchröllchen
einige Salatblätter
3 Tomaten

Zubereitung:

1. Das Matjesfilet unter fließendem Wasser abspülen, trockentupfen und würfeln. Die Gurke waschen, putzen und in Scheiben schneiden. Beides auf die Brote legen.
2. Den Quark auf die Brote verteilen und mit Salz und Pfeffer würzen. Die Zwiebel schälen, in Ringe schneiden und auf den Quark legen. Die Brote mit 1 Eßlöffel Schnittlauch bestreuen.
3. Die Brote auf einem Teller auf den gewaschenen Salatblättern anrichten. Die Tomaten waschen, putzen, achteln und rundherum legen. Sie mit Salz, Pfeffer und dem restlichen Schnittlauch bestreuen.
ca. 440 kcal/1830 kJ

Lunchpaket:

Am Vorabend die Brotscheiben dünn mit Butter oder ungehärteter Margarine bestreichen. Auf die eine Brotscheibe einige gewaschene Salatblätter und das Matjesfilet legen. Einige Gurkenscheiben darauf verteilen und die zweite Brotscheibe darauf legen. Das Sandwich halbieren, in Frischhaltefolie einwickeln und über Nacht in den Kühlschrank legen. Die Tomaten und die restliche Gurke in eine Dose füllen und ebenfalls in den Kühlschrank stellen.

SCHINKENBROTE MIT SALAT

Zubereitungszeit: ca. 20 Min.

Zutaten:

½ Kopfsalat
1 Stück Salatgurke (100 g)
2 Scheiben Vollkornbrot
2 TL Doppelrahmfrischkäse
2 Scheiben roher Schinken
Salz
schwarzer Pfeffer
1 EL frische Kräuter (z. B. Petersilie, Schnittlauch)
2 EL Magermilchjoghurt
1 EL Schnittlauchröllchen
2 Tomaten

Zubereitung:

1. Den Salat verlesen und waschen. Das Gurkenstück in Scheiben schneiden.
2. Die Vollkornbrote mit dem Frischkäse bestreichen und mit einigen Salatblättern, dem Schinken und einigen Gurkenscheiben belegen. Die Brote mit Salz, Pfeffer und Kräutern bestreuen.
3. Den Joghurt mit 2 Eßlöffeln Wasser, Salz und Pfeffer sowie mit dem Schnittlauch zu einer Sauce verrühren. Die Tomaten waschen, putzen und achteln. Tomaten sowie restliche Salatblätter und Gurkenscheiben mit der Sauce mischen. Den Salat zu den Broten servieren. ca. 450 kcal/1865 kJ
(auf dem Foto: links)

Lunchpaket:

Die Brote am Vorabend wie oben beschrieben zubereiten, in der Mitte durchschneiden, zusammenklappen und in Frischhaltefolie einwickeln. Statt Salat gibt es für das Lunchpaket Rohkost. Dafür das Gemüse (Tomaten und Salatgurke, in dicken Scheiben) waschen und in eine Plastiktüte geben. Alles über Nacht in den Kühlschrank legen.

KÄSEBAGUETTE

Zubereitungszeit: ca. ¼ Std.

Zutaten:

1 Vollkornbaguettebrötchen
2 TL Doppelrahmfrischkäse
1 TL Senf
einige Salatblätter
2 Scheiben Käse, 60% Fett i. Tr., z. B. Butterkäse
1 Tomate
Salz
schwarzer Pfeffer
150 g rohes Gemüse (Salatgurke, Radieschen, Paprikaschote)

Zubereitung:

1. Das Baguettebrötchen quer halbieren. Die eine Hälfte mit dem Frischkäse, die andere mit dem Senf bestreichen.
2. Die Frischkäsehälfte mit den gewaschenen Salatblättern und den Käsescheiben belegen.
3. Die Tomate waschen, putzen, in Scheiben schneiden und auf den Käse legen. Mit Salz und Pfeffer würzen. Die zweite Baguettehälfte darauf setzen.
4. Das Gemüse putzen, waschen und in mundgerechte Stücke schneiden. Es zum Baguette servieren.
ca. 465 kcal/1930 kJ
(auf dem Foto: Mitte)

RÜHREIBROTE

Zubereitungszeit: ca. 20 Min.

Zutaten:

3 Tomaten
Salz
schwarzer Pfeffer
2 EL Schnittlauchröllchen
2 Scheiben Vollkornbrot
1 TL Butter oder ungehärtete Margarine
einige Salatblätter
2 Scheiben Lachsschinken ohne Fettrand
2 Eigelb
3 EL Mineralwasser

Zubereitung:

1. Die Tomaten waschen, putzen und achteln. Auf einen großen Teller legen und mit Salz, Pfeffer sowie 1 Eßlöffel Schnittlauch bestreuen.
2. Die Brotscheiben dünn mit Butter oder Margarine bestreichen. Dann mit den gewaschenen Salatblättern belegen und auf einen zweiten Teller legen.
3. Die Eigelbe mit Mineralwasser, Salz und Pfeffer verquirlen. Wenig Butter oder Margarine in einer kleinen, beschichteten Pfanne erhitzen. Dann die Eimischung hineingeben und unter gelegentlichem Wenden stocken lassen.
4. Das Rührei auf die Brote geben und mit dem restlichen Schnittlauch bestreuen.
ca. 460 kcal/1910 kJ
(auf dem Foto: rechts)

CAMEMBERTTOASTS MIT SALAT

Zubereitungszeit: ca. ½ Std.

Zutaten:

Für die Toasts:

2 Scheiben Vollkorntoastbrot
1 TL Butter oder ungehärtete Margarine
1 mürber, süßer Apfel
1 Frühlingszwiebel
Salz
schwarzer Pfeffer
¼ runder Camembert, 60% Fett i. Tr. (ca. 30 g)

Für den Salat:

½ Kopfsalat
50 g Champignons
1 EL Öl
1 TL vergorenes Molkekonzentrat (Molkosan)
Salz
schwarzer Pfeffer
1 EL Schnittlauchröllchen

Zubereitung:

1. Den Grill vorheizen. Die Toastscheiben toasten und dünn mit Butter oder Margarine bestreichen. Den Apfel schälen, vierteln, entkernen und in dünne Spalten schneiden. Die Frühlingszwiebel putzen, waschen und in Ringe schneiden.

2. Apfel und Zwiebel auf die Brotscheiben verteilen und mit Salz und Pfeffer würzen. Den Camembert in dünne Scheiben schneiden und auf die Toasts legen.
3. Den Kopfsalat verlesen, waschen und in Stücke zupfen. Die Champignons kurz waschen, putzen und in dünne Scheiben schneiden. Öl, 2 Eßlöffel Wasser, Molkekonzentrat, Salz, Pfeffer und Schnittlauch zu einer Sauce verrühren und die Salatzutaten darin wenden.
4. Die Toasts unter dem Grill so lange erhitzen, bis der Käse goldbraun ist. (Falls Sie keinen Grill haben, können Sie die Toasts auch in einer beschichteten Deckelpfanne zugedeckt so lange erwärmen, bis der Käse schmilzt.) Den Salat zu den Toasts servieren.
ca. 460 kcal/1930 kJ
(auf dem Foto: unten)

Lunchpaket:

Am Vorabend die Toastbrotscheiben ungetoastet dünn mit Butter oder ungehärteter Margarine bestreichen. Auf die eine Toastscheibe Camembert und Frühlingszwiebelringe legen und alles mit Salz und Pfeffer würzen. Die zweite Toastscheibe darauflegen, das Sandwich diagonal durchschneiden, in Frischhaltefolie einwickeln und über Nacht in den Kühlschrank legen. Dazu gibt es einen Apfel.

KÄSEKNÄCKEBROTE MIT TOMATENSALAT

Zubereitungszeit: ca. 20 Min.

Zutaten:

Für die Brote:

3 Scheiben Vollkornknäckebrot
2 TL Butter oder ungehärtete Margarine
1 TL Senf
3 kleine Scheiben Käse, 60% Fett i. Tr., z. B. Butterkäse
1 Tomate
Salz, schwarzer Pfeffer
1 EL Schnittlauchröllchen

Für den Salat:

3 Tomaten
2 EL Magermilchjoghurt
1 TL vergorenes Molkekonzentrat (Molkosan)
Salz, schwarzer Pfeffer
1 EL Schnittlauchröllchen

Zubereitung:

1. Die Knäckebrote mit Butter oder Margarine und dünn mit dem Senf bestreichen, dann mit dem Käse belegen.

2. Die Tomate waschen, putzen und in 6 Scheiben schneiden. Jedes Knäckebrot in der Mitte durchschneiden und auf jedes Stück eine Tomatenscheibe legen. Alles mit Salz und Pfeffer würzen und mit Schnittlauch bestreuen.

3. Für den Salat die Tomaten waschen, putzen und in Scheiben schneiden. Joghurt, 2 Eßlöffel Wasser, Molkekonzentrat, Salz, Pfeffer und Schnittlauch zu einer Sauce verrühren. Den Salat damit mischen.

ca. 375 kcal/1560 kJ

(auf dem Foto: oben)

GEMÜSEPLATTE MIT QUARKDIP

Zubereitungszeit: ca. 20 Min.

Zutaten:

500 g gemischtes rohes Gemüse
(z. B. Salatgurke, Möhre, Paprikaschote, Staudensellerie, Fenchel)

5 EL Cremquark (0,2% Fett)

1 EL Crème fraîche

1 gehäufter TL vegetarische
Gemüsebrühe (Instantpulver)

einige Salatblätter

Zubereitung:

1. Das Gemüse putzen,
waschen und in Stifte schneiden. Den Quark mit der
Crème fraîche und der Instant-
Gemüsebrühe cremig rühren.
2. Den Quark in ein kleines
Schälchen geben. Das Gemüse
zusammen mit den ge-
waschenen Salatblättern auf
einem großen Teller anrichten.
Die Rohkost in den Quark
dippen und essen.
ca. 195 kcal/805 kJ
(auf dem Foto: oben)

Tip:

Wenn Sie möchten, können
Sie den Dip noch mit etwas
feingehackter Kresse oder mit
Schnittlauchröllchen verfeinern.

Lunchpaket:

Das Gericht am Vorabend wie
oben beschrieben zubereiten.
Das Gemüse in eine Plastiktüte, den Dip in eine verschließbare Dose geben und
beides über Nacht in den Kühlschrank stellen.

GEMISCHTER SALAT

Zubereitungszeit: ca. ½ Std.

Zutaten:

einige Salatblätter (z. B. Kopf-, Eis-
berg-, Frisée- oder Eichblattsalat)

2 Tomaten

¼ Salatgurke

½ Bund Radieschen

1 Frühlingszwiebel

2 EL Cremquark (0,2% Fett)

Salz

schwarzer Pfeffer

2 EL Schnittlauchröllchen

Zubereitung:

1. Die Salatblätter waschen
und in mundgerechte Stücke
zerpflücken. Die Tomaten
waschen, putzen und achteln.
Gurke, Radieschen und Frühlingszwiebel putzen, waschen
und dann in dünne Scheiben
schneiden.
2. Quark, 1 Eßlöffel Wasser,
Salz und Pfeffer zu einer Sauce
verrühren, diese über den
Salat gießen und alles gut
mischen. Den Salat mit Schnittlauch bestreuen.
ca. 90 kcal/330 kJ
(auf dem Foto: Mitte)

MOZZARELLA MIT TOMATEN

Zubereitungszeit: ca. ¼ Std.

Zutaten:

3 Tomaten

½ Kugel Mozzarella (ca. 60 g)

Salz

schwarzer Pfeffer aus der Mühle

½ Bund Basilikum

1 EL vergorenes Molkekonzentrat
(Molkosan)

1 EL Olivenöl

Zubereitung:

1. Die Tomaten waschen, putzen, in dicke Scheiben schneiden und kreisförmig auf einen
Teller legen. Die Mozzarella in
dünne Scheiben schneiden
und diese auf die Tomatenscheiben legen.
2. Alles mit Salz und Pfeffer
würzen und auf jede Mozza-
rellascheibe ein gewaschenes
Basilikumblättchen legen.
3. Das Molkekonzentrat mit
dem Öl verrühren und die
Mozzarellascheiben damit
beträufeln.
ca. 270 kcal/1140 kJ
(auf dem Foto: unten)

Tip:

Mit der restlichen Mozzarella-
hälfte können Sie ein neutrales
oder ein Eiweißgericht überbacken.

CHICORÉESALAT MIT AVOCADOCREME

Zubereitungszeit: ca. ½ Std.

Zutaten:

1 kleine Staude Chicorée
½ Avocado
½ Pfirsich
evtl. 50 g ausgelöste Krabben
einige Tropfen Zitronensaft
Salz
schwarzer Pfeffer
1 EL Magermilchjoghurt
1 EL Zitronensaft
1 EL gehackter Dill

Zubereitung:

1. Den Chicorée waschen, putzen und den bitteren Strunk unten keilförmig herausschneiden. Einige Chicoréeblätter abzupfen, die restliche Staude in Streifen schneiden. Die Chicoréeblätter kreisförmig auf einen Teller legen, die Streifen in die Mitte geben.
2. Die Avocado schälen und der Länge nach halbieren. Die eine Hälfte und den entsteinten Pfirsich zusammen in dünne Scheiben schneiden. Beides auf die Chicoréestreifen legen. Wer will, kann noch 50 g Krabben dazugeben. Den Salat mit Zitronensaft beträufeln und mit Salz und Pfeffer würzen.
3. Die zweite Avocadohälfte zerkleinern und in einem Becher zusammen mit Joghurt, Zitronensaft, Dill, Salz und Pfeffer mit dem Schneidstab zu einer Crème pürieren.
4. Die Avocadocreme als Klecks auf die Avocado- und die Pfirsichscheiben geben. Sofort servieren.
ca. 310 kcal/1285 kJ
(ohne Krabben)
ca. 350 kcal/1460 kJ
(mit Krabben)

Tip:

Die Avocado ist die einzige Frucht, die viel Fett enthält, allerdings hochwertiges. Wenn Sie Avocados mögen, dann planen Sie sie wegen ihres Fettgehaltes nicht zu häufig in Ihren Speiseplan ein.

SALAT MIT FLEISCHBÄLLCHEN

Zubereitungszeit: ca. ½ Std.

Zutaten:

Für die Fleischbällchen:

2 Zwiebeln
100 g Tatar
50 g Magerquark
1 EL Mineralwasser
1 TL Senf
1 EL gehackte Petersilie
Salz
schwarzer Pfeffer
einige Tropfen Öl

Für den Salat:

½ Kopfsalat
2 Tomaten
¼ Salatgurke
2 EL Magermilchjoghurt
1 TL Senf
Salz
schwarzer Pfeffer
1 EL gehackter Dill

Zubereitung:

1. Die Zwiebeln schälen und fein würfeln. Das Tatar mit Zwiebeln, Quark, Mineralwasser, Senf und Petersilie zu einem Teig verkneten. Diesen mit Salz und Pfeffer würzen. Eine Weile ruhen lassen.

2. Dann kleine Bällchen aus dem Fleischteig formen. Eine beschichtete Pfanne erhitzen und mit dem Öl auswischen. Die Fleischbällchen darin rundherum braun braten. Sie anschließend etwas abkühlen lassen.

3. Inzwischen den Kopfsalat verlesen, waschen und in Stücke zupfen. Die Tomaten waschen, putzen und achteln; die Gurke waschen und in Scheiben schneiden.

4. Joghurt, 2 Eßlöffel Wasser, Senf, Salz, Pfeffer und Dill zu einer Salatsauce verrühren. Die Salatzutaten und die Fleischbällchen unter die Sauce heben.

ca. 265 kcal/1100 kJ

BLUMENKOHLSALAT

Zubereitungszeit: ca. ½ Std.

Zutaten:

½ gekochter Blumenkohl
1 Frühlingszwiebel
100 g Corned beef
1 EL Öl
1 EL Zitronensaft
Salz
schwarzer Pfeffer
2 EL gehackte Petersilie

Zubereitung:

1. Den Blumenkohl in kleine Röschen zerteilen. Die Frühlingszwiebel putzen, waschen und in Ringe schneiden. Das Corned beef würfeln und mit Blumenkohl und Zwiebel mischen.
2. Das Öl mit 2 Eßlöffeln Wasser, Zitronensaft, Salz, Pfeffer und Petersilie verrühren und die Salatzutaten darin etwa ¼ Stunde ziehen lassen.
3. Den Salat eventuell noch einmal mit Zitronensaft, Salz und Pfeffer abschmecken.
ca. 315 kcal/1305 kJ
(auf dem Foto: oben)

SALAT MIT KÄSE UND SCHINKEN

Zubereitungszeit: ca. 25 Min.

Zutaten:

einige Salatblätter
2 Tomaten
¼ Salatgurke
1 rote Zwiebel
2 Scheiben Käse, 60% Fett i. Tr., z. B. Butterkäse
2 Scheiben gekochter Schinken
1 EL Öl
einige Tropfen Zitronensaft
Salz
schwarzer Pfeffer
1 EL Schnittlauchröllchen

Zubereitung:

1. Die Salatblätter waschen und in Stücke zupfen. Die Tomaten waschen, putzen und in Spalten schneiden. Die Gurke waschen, putzen, der Länge nach vierteln und in dünne Scheiben schneiden. Die Zwiebel schälen und in Ringe schneiden. Käse und Schinken würfeln.
2. Das Öl mit 2 Eßlöffeln Wasser, Zitronensaft, Salz und Pfeffer zu einer Salatsauce verrühren. Diese über die Salatzutaten gießen, den Salat einmal vorsichtig mischen und mit dem Schnittlauch bestreuen.
ca. 315 kcal/1310 kJ
(auf dem Foto: Mitte)

Lunchpaket:

Den Salat am Vorabend wie oben beschrieben zubereiten, jedoch die Salatblätter dabei ganz weglassen. Den Salat in eine gut verschließbare Dose füllen und über Nacht in den Kühlschrank stellen.

GEFLÜGELSALAT

Zubereitungszeit: ca. ½ Std.

Zutaten:

1 Staude Chicorée
½ Orange
1 kleines, gebratenes Hähnchenbrustfilet
1 EL ungeschwefelte Rosinen
Salz
schwarzer Pfeffer
3 EL Cremquark (0,2% Fett)
1 EL Zitronensaft
1 TL Crème fraîche
½ TL Currypulver
1 EL gehackte Walnüsse

Zubereitung:

1. Den Chicorée putzen, waschen und den bitteren Strunk unten keilförmig herausschneiden. Die Orange sorgfältig schälen, dabei auch die weiße Haut vollständig entfernen. Chicorée und Hähnchenbrustfilet in Scheiben schneiden. Die Orangenfilets aus den Zwischenhäuten herausschneiden. Die vorbereiteten Zutaten mit den Rosinen mischen und mit Salz und Pfeffer würzen.
2. Den Quark mit Zitronensaft, Crème fraîche, Currypulver, Salz und Pfeffer verrühren. Die Sauce mit den Salatzutaten vorsichtig mischen und den Salat mit den Nüssen bestreuen.
ca. 355 kcal/1475 kJ
(auf dem Foto: unten)

Tip:

Wenn Sie schon dabei sind, für ein Mittagessen Hähnchenbrustfilets zu braten, braten Sie doch gleich eins für diesen Salat mit.

KARTOFFELN-PORREE-GRATIN

Zubereitungszeit: ca. ½ Std.

Zutaten:

3 gekochte Pellkartoffeln
1 kleine Stange Porree
40 g geriebener Käse, 60% Fett i. Tr., z. B. Butterkäse
½ TL vegetarische Gemüsebrühe (Instantpulver)
schwarzer Pfeffer
1 Knoblauchzehe
1 EL gehacktes Basilikum

Zubereitung:

1. Den Backofen auf 200 °C vorheizen. Die Kartoffeln pellen. Den Porree putzen und waschen. Beides in Scheiben schneiden und dachziegelartig in eine flache, ofenfeste Form schichten.
2. Den Käse mit 4 Eßlöffeln Wasser, der Instant-Gemüsebrühe, etwas Pfeffer und der geschälten, zerdrückten Knoblauchzehe verrühren.
3. Die Käsemischung über die Kartoffelscheiben gießen und das Gratin etwa 20 Minuten im Ofen überbacken. Es dann mit dem Basilikum bestreuen.
ca. 265 kcal/1100 kJ
(auf dem Foto: oben)

Variation:

Statt mit Porreeringen können Sie das Gratin auch mit Zucchinischeiben zubereiten.

GURKEN-KARTOFFEL-PFANNE

Zubereitungszeit: ca. ½ Std.

Zutaten:

3 gekochte Pellkartoffeln
2 Frühlingszwiebeln
50 g durchwachsener Speck
¼ Salatgurke
2 Tomaten
1 EL Crème fraîche
1 TL Senf
Salz
schwarzer Pfeffer
einige Salatblätter

Zubereitung:

1. Die Kartoffeln pellen. Die Frühlingszwiebeln putzen und waschen. Beides in Scheiben schneiden. Den Speck und die gewaschene, geputzte Gurke würfeln. Die Tomaten kurz waschen, putzen und achteln.
2. Eine beschichtete Pfanne erhitzen und den Speck darin auslassen. Kartoffeln und Frühlingszwiebeln dazugeben und kurz mitbraten.
3. Die Crème fraîche mit 2 Eßlöffeln Wasser und dem Senf verrühren. Die Senfsauce und die Gurkenwürfel mit in die Pfanne geben. Alles einmal aufkochen lassen und mit Salz und Pfeffer abschmecken.
4. Die gewaschenen Salatblätter auf einen Teller legen und das Gurken-Kartoffel-Gemüse darauf anrichten. Das Gericht mit den Tomatenachteln garnieren.
ca. 495 kcal/2070 kJ
(auf dem Foto: Mitte)

NUDELGRATIN MIT CHAMPIGNONS

Zubereitungszeit: ca. ½ Std.

Zutaten:

einige Tropfen Öl
250 g gekochte Vollkornspaghetti
4 große Champignons
1 kleiner Zucchino
Salz
schwarzer Pfeffer
1 EL gehacktes Basilikum
2 Scheiben Käse, 60% Fett i. Tr., z. B. Butterkäse

Zubereitung:

1. Den Grill vorheizen. Eine ofenfeste Form mit dem Öl auspinseln und die Hälfte der Spaghetti hineinfüllen.
2. Die Champignons und Zucchino waschen, putzen und kleinschneiden. Beides auf die Spaghetti geben und mit Salz, Pfeffer sowie Basilikum bestreuen. Die restlichen Spaghetti darauf geben.
3. Die Käsescheiben auf die Nudeln legen und alles unter dem Grill so lange überbakken, bis der Käse goldbraun ist.
ca. 555 kcal/2340 kJ
(auf dem Foto: unten)

Tip:

Wenn Sie keinen Grill besitzen, geben Sie Spaghetti, Zucchini, Pilze und den Käse in eine beschichtete Deckelpfanne, und erwärmen Sie alles zugedeckt bei schwacher Hitze, bis der Käse schmilzt.

GEMÜSE MIT KÄSE

Zubereitungszeit: ca. ½ Std.

Zutaten:

1 kleiner Zucchino
1 Paprikaschote
2 Frühlingszwiebeln
100 g kleine Champignons
1 Knoblauchzehe
1 EL Öl
1 Msp. vegetarische Gemüsebrühe (Instantpulver)
1 EL vergorenes Molkekonzentrat (Molkosan)
Salz
schwarzer Pfeffer
1 EL gehacktes Basilikum
40 g geriebener Käse, 60% Fett i. Tr., z. B. Rahmgouda

Zubereitung:

1. Zucchino, Paprikaschote und Frühlingszwiebeln putzen, waschen und kleinschneiden. Die Champignons kurz waschen, putzen und nur größere Pilze halbieren. Die Knoblauchzehe schälen und fein würfeln.
2. Das Öl in eine heiße, beschichtete Pfanne geben und das Gemüse sowie den Knoblauch darin kurz braten.
3. Dann 2 Eßlöffel Wasser, die Instant-Gemüsebrühe und das Molkekonzentrat dazugießen. Alles mit Salz, Pfeffer und Basilikum würzen und einmal aufkochen lassen.
4. Das Gemüse auf einem Teller anrichten und mit dem Käse bestreuen.
ca. 340 kcal/1415 kJ
(auf dem Foto: links)

BROKKOLICREMESUPPE

Zubereitungszeit: ca. ½ Std.

Zutaten:

150 g Brokkoli
½ TL vegetarische Gemüsebrühe (Instantpulver)
1 EL Crème fraîche
Salz
schwarzer Pfeffer
geriebene Muskatnuß
2 Scheiben Lachsschinken ohne Fettrand

Zubereitung:

1. Den Brokkoli putzen, waschen und kleinschneiden. Einige Röschen beiseite legen. Den restlichen Brokkoli in ¼ l Wasser zusammen mit der Instant-Gemüsebrühe in ungefähr 20 Minuten sehr weich kochen.
2. Dann die Suppe mit einem Schneidstab pürieren, mit der Crème fraîche verfeinern und mit Salz, Pfeffer und Muskat abschmecken. Falls die Suppe zu dick ist, etwas heißes Wasser dazugießen.
3. Die zurückbehaltenen Brokkoliröschen kurz in der Suppe erwärmen. Den Lachsschinken in Streifen schneiden und auf die Suppe streuen.
ca. 120 kcal/500 kJ
(auf dem Foto: Mitte)

GEMÜSE MIT JOGHURTSAUCE

Zubereitungszeit: ca. ½ Std.

Zutaten:

1 Zwiebel
2 Knoblauchzehen
1 rote Paprikaschote
1 kleiner Zucchino
150 g Champignons
1 Tomate
1 EL Öl
Salz, schwarzer Pfeffer
75 g Magermilchjoghurt
1 TL Crème fraîche
2 EL gemischte, gehackte Kräuter oder 1 Päckchen TK-Salatkräuter

Zubereitung:

1. Die Zwiebel schälen und achteln; die eine Knoblauchzehe schälen und fein würfeln. Die Paprikaschote vierteln, putzen, waschen und in große Stücke schneiden. Den Zucchino waschen, putzen und in Scheiben schneiden. Die Champignons kurz waschen, putzen und halbieren; die gewaschene Tomate achteln.
2. Das Öl in einem großen Topf erhitzen und die Zwiebel darin anbraten. Paprikaschote, Zucchino und Champignons dazugeben und alles etwa 5 Minuten braten.
3. Das Tomatenmark und 1 Eßlöffel Wasser dazugeben und alles etwa 10 Minuten zugedeckt köcheln lassen.

Dann die Tomaten dazugeben und etwa 2 Minuten mitköcheln lassen. Das Gemüse mit Salz und Pfeffer abschmecken.
4. Den Joghurt mit der Crème fraîche, der zweiten geschälten und zerdrückten Knoblauchzehe sowie mit Salz, Pfeffer und Kräutern verrühren. Das Gemüse auf einem Teller anrichten und die Sauce darüber geben.
ca. 250 kcal/1040 kJ
(auf dem Foto: rechts)

Tip:

Dieses Gericht schmeckt sowohl warm als auch kalt sehr gut. Es eignet sich aber auch als Gemüseportion zu einem Geflügel- oder Fleischgericht.

CHAMPIGNONS IN TOMATENSAUCE

Zubereitungszeit: ca. ½ Std.

Zutaten:

2 Scheiben gekochter Schinken
150 g Champignons
3 Frühlingszwiebeln
1 Knoblauchzehe
3 Tomaten
1 EL Öl
Salz
schwarzer Pfeffer
einige Tropfen Zitronensaft
1 TL Tomatenmark
½ TL gerebelter Oregano
2 EL gehackte Petersilie

Zubereitung:

1. Den Schinken würfeln. Die Champignons kurz waschen, putzen und halbieren. Die Frühlingszwiebeln putzen, waschen und in Ringe schneiden; die Knoblauchzehe schälen und in feine Stifte schneiden. Die Tomaten waschen, putzen und in kleine Stücke schneiden.

2. Das Öl in einer beschichteten Pfanne erhitzen und Schinkenwürfel sowie Zwiebeln darin kurz anrösten. Die Champignons dazugeben und bei ziemlich großer Hitze braten. Dann alles mit Salz, Pfeffer und Zitronensaft abschmecken und die Hitze der Herdplatte reduzieren.

3. Die Tomaten und den Knoblauch mit in die Pfanne geben und alles etwa 2 Minuten schmoren lassen. Tomatenmark, Oregano und Petersilie darunterrühren.
Sie können das Gericht sowohl warm als auch kalt essen.
ca. 270 kcal/1130 kJ

Lunchpaket:

Das Gemüse am Vorabend wie oben beschrieben zubereiten, abkühlen lassen, in eine gut verschließbare Dose füllen und über Nacht in den Kühlschrank stellen.

KRABBEN AUF PORTUGIESISCHE ART

Zubereitungszeit: ca. ½ Std.

Zutaten:

1 Zwiebel
1 Knoblauchzehe
150 g Champignons
3 Tomaten
100 g geschälte Krabben
1 EL Öl
2 EL Weißwein
Salz
schwarzer Pfeffer

Zubereitung:

1. Die Zwiebel und die Knoblauchzehe schälen und fein würfeln. Die Champignons kurz waschen, putzen und in Scheiben schneiden. Die Tomaten waschen, putzen und achteln. Die Krabben abspülen und mit Küchenkrepp trockentupfen.

2. Das Öl in einer beschichteten Pfanne erhitzen und die Champignons darin bei großer Hitze braten.

3. Die Hitze herunterschalten. Zwiebel und Knoblauch zu den Pilzen geben und kurz mitbraten.

4. Krabben, Tomatenachtel und Weißwein dazugeben und alles mischen. Das Ragout etwa 5 Minuten köcheln lassen, dann mit Salz und Pfeffer abschmecken.
ca. 260 kcal/1095 kJ

Hauptgerichte

ERBSENEINTOPF

Zubereitungszeit: ca. ½ Std.

Zutaten:

3 mehlig kochende Kartoffeln

50 g durchwachsener Speck oder geräucherter Schinken

½ TL vegetarische Gemüsebrühe (Instantpulver)

1 EL Crème fraîche

½ Paket TK-Erbsen (150 g)

Salz

schwarzer Pfeffer

2 EL gehackte Petersilie

Zubereitung:

1. Die Kartoffeln schälen und zusammen mit dem Speck würfeln. Den Speck bei milder Hitze in einem Topf etwas auslassen. Kartoffeln, ¼ l Wasser und Instant-Gemüsebrühe dazugeben und die Kartoffeln in etwa 20 Minuten ziemlich weich kochen.
2. Die Crème fraîche in die Suppe einrühren und diese nochmals etwa 2 Minuten köcheln lassen.
3. Die Erbsen kurz in der Suppe erhitzen, diese mit Salz und Pfeffer abschmecken und mit der Petersilie bestreuen.
ca. 555 kcal/2320 kJ
(auf dem Foto: oben)

Variation:

Statt mit Petersilie können Sie diesen Eintopf auch mit Majoran würzen. Wenn Sie frischen Majoran haben, reicht 1 Eßlöffel davon, schön kleingehackt. Von getrocknetem Majoran benötigen Sie ½ Teelöffel.

KARTOFFEL-BLUMENKOHL-EINTOPF

Zubereitungszeit: ca. ¾ Std.

Zutaten:

3 Kartoffeln

50 g roher Schinken

½ Blumenkohl

½ TL vegetarische Gemüsebrühe (Instantpulver)

½ EL Crème fraîche

Salz, schwarzer Pfeffer

1 EL gehackte Petersilie

Zubereitung:

1. Die Kartoffeln schälen und zusammen mit dem Schinken würfeln. Den Blumenkohl waschen, putzen und die Röschen von den Stielen abschneiden. Die Stiele würfeln und zusammen mit den Kartoffeln in ¼ l Wasser zusammen mit der Instant-Gemüsebrühe etwa 20 Minuten kochen.
2. Dann die Crème fraîche in die Suppe einrühren und die Blumenkohlröschen dazugeben. Die Suppe etwa 12 Minuten weiterköcheln lassen, bis die Blumenkohlröschen bißfest sind.
3. Die Suppe mit Salz und Pfeffer abschmecken und mit Petersilie sowie Schinkenwürfeln bestreuen.
ca. 370 kcal/1540 kJ
(auf dem Foto: Mitte)

KARTOFFELSALAT MIT SPECK

Zubereitungszeit: ca. ½ Std.

Zutaten:

¼ Salatgurke

1 Zwiebel

50 g durchwachsener Speck

½ Bund Radieschen

3 gekochte Pellkartoffeln vom Vortag

einige Salatblätter

1 EL Öl

½ TL vegetarische Gemüsebrühe (Instantpulver)

Salz, schwarzer Pfeffer

1 EL Schnittlauchröllchen

Zubereitung:

1. Die Gurke waschen und würfeln. Die Zwiebel schälen und zusammen mit dem Speck würfeln. Die Radieschen waschen, putzen und in Scheiben schneiden. Die Kartoffeln pellen und ebenfalls in Scheiben schneiden. Die Salatblätter waschen und dann in Streifen schneiden.
2. Den Speck in einer beschichteten Pfanne auslassen, das Speckfett abgießen. Öl, 50 ml Wasser, Instant-Gemüsebrühe, Zwiebelwürfel und Kartoffelscheiben zum Speck geben. Alles erhitzen, mit Salz und Pfeffer abschmekken und in eine Schüssel füllen.
3. Radieschen, Gurke und Salat unter die Kartoffelscheiben heben. Den Salat mit Schnittlauch bestreuen.
ca. 520 kcal/2165 kJ
(auf dem Foto: unten)

53

MATJESFILETS MIT GRÜNEN BOHNEN

Zubereitungszeit: ca. ½ Std.

Zutaten:

2 Matjesfilets (ca. 100 g)
3 Kartoffeln
Salz
150 g grüne Bohnen oder ½ Paket TK-Bohnen (150 g)
½ TL vegetarische Gemüsebrühe (Instantpulver)
1 Zwiebel
50 g durchwachsener Speck
schwarzer Pfeffer

Zubereitung:

1. Die Matjesfilets unter fließendem Wasser abspülen, trockentupfen und dann zugedeckt in den Kühlschrank stellen. Wenn Sie Eiswürfel haben, die Filets auf das Eis legen.
2. Die Kartoffeln in Salzwasser als Pellkartoffeln garen.
3. Inzwischen die Bohnen waschen, putzen und in große Stücke schneiden. Die frischen oder die TK-Bohnen knapp mit Wasser bedeckt mit der Instant-Gemüsebrühe in etwa ¼ Stunde bißfest garen.
4. Die Zwiebel schälen und würfeln. Den Speck würfeln, in einer Pfanne auslassen, die Zwiebel hinzufügen und glasig dünsten. Alles mit 2 Eßlöffeln der Bohnenbrühe ablöschen und mit Pfeffer würzen.
5. Die Bohnen nach der Garzeit abgießen und mit der Specksauce mischen.
6. Die Matjesfilets auf einen Teller legen. Bohnen und Kartoffeln mit Schale daneben anrichten.
ca. 740 kcal/3100 kJ
(auf dem Foto: oben)

RADIESCHENCREME MIT KARTOFFELN

Zubereitungszeit: ca. ½ Std.

Zutaten:

3 Kartoffeln
Salz
125 g Cremquark (0,2% Fett)
schwarzer Pfeffer
1 Bund Radieschen
2 EL Schnittlauchröllchen
einige Salatblätter

Zubereitung:

1. Die Kartoffeln unter fließendem Wasser gut abbürsten und in Salzwasser als Pellkartoffeln garen.
2. Inzwischen den Quark mit Salz und Pfeffer abschmecken. Die Radieschen waschen, putzen und in dünne Scheiben schneiden. Die Schnittlauchröllchen (bis auf 1 Teelöffel) und die Radieschen unter den Quark heben.
3. Die Radieschencreme auf einem Teller auf den gewaschenen Salatblättern anrichten und mit dem restlichen Schnittlauch bestreuen. Die Kartoffeln daneben legen. (Wenn Sie neue Kartoffeln genommen haben, können Sie die Schale mitessen).
ca. 190 kcal/800 kJ
(auf dem Foto: Mitte)

SPARGEL MIT SCHINKEN UND KARTOFFELN

Zubereitungszeit: ca. ½ Std.

Zutaten:

3 Kartoffeln, Salz
500 g weißer Spargel
½ TL vegetarische Gemüsebrühe (Instantpulver)
1 Schalotte, einige Tropfen Öl
schwarzer Pfeffer
1 EL Crème fraîche
½ TL gerebelter Estragon
100 g Lachsschinken

Zubereitung:

1. Die Kartoffeln in Salzwasser als Pellkartoffeln kochen.
2. Inzwischen den Spargel schälen. Die Stangen unten etwas kürzen, dann zusammen mit der Instant-Gemüsebrühe in Salzwasser in etwa 18 Minuten bißfest kochen.
3. Während der Spargel gart, die Schalotte schälen und fein würfeln. Eine kleine beschichtete Pfanne erhitzen, mit dem Öl auswischen und die Schalotte darin goldbraun rösten. Mit Salz und Pfeffer würzen.
4. Nach und nach 100 ml der Spargelbrühe in die Pfanne geben und sie etwas einkochen lassen. Die Crème fraîche und den Estragon in die Sauce einrühren, aufkochen lassen.
5. Den Fettrand vom Lachsschinken entfernen. Den Schinken als Röllchen auf einem Teller anrichten, pfeffern.
6. Den Spargel neben dem Schinken anrichten, mit der Sauce begießen. Die Kartoffeln pellen, auf den Teller legen.
ca. 375 kcal/1570 kJ
(auf dem Foto: unten)

SAUERKRAUTEINTOPF

Zubereitungszeit: ca. ¾ Std.

Zutaten:

1 Kartoffel
2 süßliche, mürbe Äpfel
½ TL vegetarische Gemüsebrühe (Instantpulver)
2 Lorbeerblätter
5 Gewürznelken
2 Zwiebeln
150 g Sauerkraut
1 Frühlingszwiebel
2 TL Butter oder ungehärtete Margarine

Zubereitung:

1. Kartoffel und Äpfel schälen. Die Kartoffeln würfeln. Die Äpfel vierteln, entkernen und ebenfalls würfeln. Einige Apfelwürfel beiseite legen. Die restlichen zusammen mit Kartoffelwürfeln, ¼ l Wasser, der Instant-Gemüsebrühe, den Lorbeerblättern und 1 mit den Gewürznelken gespickten, geschälten Zwiebel in einem Topf etwa ¼ Stunde kochen lassen. Dabei mehrmals vorsichtig umrühren.

2. Dann das Sauerkraut dazugeben und den Eintopf bei schwacher Hitze ungefähr 20 Minuten zugedeckt köcheln lassen.

3. In der Zwischenzeit die zweite Zwiebel schälen und würfeln. Die Frühlingszwiebel putzen, waschen und schräg in Ringe schneiden. Die Butter oder die Margarine in einer beschichteten Pfanne zerlassen und die Zwiebel darin hellbraun braten. Dann die Frühlingszwiebel dazugeben und kurz mitbraten.

4. Die Lorbeerblätter und die gespickte Zwiebel aus dem Eintopf nehmen und die beiseite gelegten Apfelwürfel in den Eintopf geben. Die gebratenen Zwiebeln auf dem Eintopf verteilen.

ca. 290 kcal/1205 kJ

BAUERNFRÜHSTÜCK

Zubereitungszeit: ca. ½ Std.

Zutaten:

3 gekochte Pellkartoffeln vom Vortag
2 Frühlingszwiebeln
2 Eigelb
3 EL Mineralwasser
Salz, schwarzer Pfeffer
2 TL Butter oder ungehärtete Margarine
3 Tomaten
1 EL Schnittlauchröllchen
1 EL gehackte Petersilie oder Schnittlauchröllchen

Zubereitung:

1. Die Kartoffeln pellen und in Scheiben schneiden. Die Frühlingszwiebeln putzen, waschen und in Ringe schneiden. Die Eigelbe mit Mineralwasser, Salz und Pfeffer verquirlen.

2. Kartoffelscheiben und Zwiebelringe in einer beschichteten Pfanne ohne Fettzugabe anrösten. Die Butter oder die Margarine dazugeben und die Kartoffeln fertigbraten.

3. Die Eimischung über die Kartoffeln gießen und unter gelegentlichem Wenden stokken lassen.

4. Inzwischen die Tomaten waschen, putzen und achteln. Das Bauernfrühstück mit den Schnittlauchröllchen bestreuen und zusammen mit den Tomaten auf einem Teller anrichten. Die Tomaten mit Salz, Pfeffer und Petersilie oder Schnittlauch bestreuen.

ca. 355 kcal/1495 kJ

Tip:

Wenn Sie die Bratkartoffeln (wie hier im Rezept beschrieben) in einer beschichteten Pfanne erst ohne Fettzugabe anrösten und sie dann in etwas Butter oder Margarine zu Ende braten, sparen Sie viel Fett, denn die Kartoffeln saugen dann nicht so viel Bratfett auf.

ÜBERBACKENE KARTOFFELPFANNE

Zubereitungszeit: ca. ½ Std.

Zutaten:

3 gekochte Pellkartoffeln vom Vortag
100 g Champignons
1 Frühlingszwiebel
1 kleiner Zucchino
60 g Rahmgouda, 60% Fett i. Tr.
2 Msp. vegetarische Gemüsebrühe (Instantpulver)
1 Knoblauchzehe
2 EL gehacktes Basilikum
Salz
schwarzer Pfeffer

Zubereitung:

1. Den Backofen auf 200 °C vorheizen. Die Kartoffeln pellen und in Scheiben schneiden. Champignons, Frühlingszwiebeln und Zucchino waschen, putzen und ebenfalls in Scheiben schneiden.
2. Den Käse reiben und mit 4 Eßlöffeln Wasser sowie der Instant-Gemüsebrühe verrühren. Den Knoblauch schälen und zerdrücken.
3. Das Gemüse, bis auf die Kartoffelscheiben, mit Basilikum, Knoblauch, Salz und Pfeffer mischen und in eine flache, ofenfeste Form geben.
4. Die Kartoffelscheiben auf dem Gemüse verteilen, die Käsesauce darübergießen und alles im Ofen etwa 20 Minuten überbacken.
ca. 385 kcal/1615 kJ
(auf dem Foto: oben)

MATJES MIT BRATKARTOFFELN

Zubereitungszeit: ca. ½ Std.

Zutaten:

½ süßlicher, mürber Apfel
¼ Salatgurke
2 Frühlingszwiebeln
2 Matjesfilets (ca. 100 g)
3 EL Cremquark (0,2% Fett)
1 EL Magermilchjoghurt
Salz
schwarzer Pfeffer
3 gekochte Pellkartoffeln vom Vortag
2 TL Butter oder ungehärtete Margarine

Zubereitung:

1. Den Apfel waschen, vierteln, entkernen und in dünne Scheiben schneiden. Die Gurke waschen und ebenfalls in dünne Scheiben schneiden. Die Frühlingszwiebel putzen, waschen und in Ringe schneiden. Die Matjesfilets unter fließendem Wasser abspülen, trockentupfen und dann grob würfeln.
2. Quark, Joghurt, Salz und Pfeffer zu einer Sauce verrühren. Diese mit Apfel, Gurke und Matjes vorsichtig mischen.
3. Die Kartoffeln pellen, in Scheiben schneiden und in einer beschichteten Pfanne ohne Fettzugabe anrösten. Mit Salz und Pfeffer würzen. Die Butter oder die Margarine dazugeben und die Kartoffeln darin fertig braten. Den Matjessalat dazu servieren.
ca. 545 kcal/2280 kJ
(auf dem Foto: Mitte)

KARTOFFELN MIT DILL-GURKEN-QUARK

Zubereitungszeit: ca. ½ Std.

Zutaten:

3 Kartoffeln
Salz
5 EL Cremquark (0,2% Fett)
1 EL Crème fraîche
schwarzer Pfeffer
¼ Salatgurke
2 EL gehackter Dill
einige Salatblätter

Zubereitung:

1. Die Kartoffeln in Salzwasser als Pellkartoffeln garen. Falls Sie neue Kartoffeln haben, diese vorher gut unter fließendem Wasser abbürsten, denn bei diesen kann man die Schale mitessen.
2. Inzwischen den Quark mit Crème fraîche verrühren und mit Salz und Pfeffer abschmekken. Die Gurke waschen. Zwei Drittel davon kleinwürfeln. Den Rest in Scheiben schneiden, diese beiseite legen. Die Gurkenwürfel zusammen mit dem Dill unter den Quark heben.
3. Gegarte Kartoffeln, gewaschene Salatblätter und Gurkenscheiben auf einen Teller legen. Den Quark auf den Salatblättern anrichten.
ca. 215 kcal/895 kJ
(auf dem Foto: unten)

CHICORÉE-REIS-PFANNE

Zubereitungszeit: ca. ½ Std.

Zutaten:

1 Staude Chicorée
1 Banane
2 Msp. vegetarische Gemüsebrühe (Instantpulver)
1 TL Currypulver
Salz
schwarzer Pfeffer
1 EL Öl
1 EL gehackte Haselnüsse
1 EL ungeschwefelte Rosinen
125 g gekochter Naturreis (ca. 50 g Rohgewicht)

Zubereitung:

1. Den Chicorée waschen, den bitteren Strunk unten keilförmig herausschneiden, den Chicorée der Länge nach halbieren und dann in breite Streifen schneiden. Die Banane schälen und schräg in dicke Scheiben schneiden.
2. Dann 4 Eßlöffel Wasser mit Instant-Gemüsebrühe, Currypulver, Salz und Pfeffer zu einer Sauce verrühren.
3. Eine beschichtete Pfanne erhitzen und das Öl hineingeben. Die Hälfte der Bananenscheiben darin unter Rühren scharf anbraten, bis diese ziemlich zerfallen sind. Dann die Hitze herunterschalten.
4. Chicoréestreifen, Nüsse, Rosinen und Reis in die Pfanne geben. Die Currysauce dazugießen, alles einmal umrühren und etwa 1 Minute kochen lassen. Zum Schluß die restlichen Bananenscheiben unter das Gericht heben.
ca. 490 kcal/2045 kJ
(auf dem Foto: oben)

SPINAT-REIS-PFANNE

Zubereitungszeit: ca. ½ Std.

Zutaten:

300 g Blattspinat
150 g rosa Champignons
1 Zwiebel
1 EL Öl
125 g gekochter Naturreis (ca. 50 g Rohgewicht)
1 Knoblauchzehe
Salz
schwarzer Pfeffer
60 g geriebener Käse, 60% Fett i. Tr., z.B. Rahmgouda

Zubereitung:

1. Den Spinat verlesen, gründlich waschen und grob hacken. Die Champignons kurz waschen, putzen und in Scheiben schneiden. Die Zwiebel schälen und würfeln.
2. Das Öl in einem Topf erhitzen. Pilze und Zwiebel darin anbraten. Den Reis und die geschälte, zerdrückte Knoblauchzehe dazugeben und alles mit Salz sowie Pfeffer würzen. Eventuell etwas Wasser dazugießen.
3. Den Spinat nach und nach zum Reis geben und zusammenfallen lassen. Das Gericht nochmals mit Salz und Pfeffer abschmecken, dann mit dem geriebenen Käse bestreuen.
ca. 575 kcal/2405 kJ
(auf dem Foto: Mitte)

ZUCCHINI-REIS-PFANNE

Zubereitungszeit: ca. 40 Min.

Zutaten:

50 g Naturreis
Salz
1 TL Mandelblättchen
1 Banane
1 mittelgroßer Zucchino
1 EL Crème fraîche
1 TL Currypulver
einige Tropfen Öl
schwarzer Pfeffer

Zubereitung:

1. Den Reis in etwa 150 ml Salzwasser in etwa 25 Minuten bißfest garen.
2. Inzwischen die Mandelblättchen in einer Pfanne ohne Fettzugabe goldbraun rösten. Die Banane schälen und schräg in dicke Scheiben schneiden. Den Zucchino waschen, putzen und in Stifte schneiden. 4 Eßlöffel Wasser mit der Crème fraîche und dem Currypulver zu einer Sauce verrühren.
3. Wenn der Reis gar ist, eine beschichtete Pfanne erhitzen und mit dem Öl auswischen. Die Bananenscheiben darin bei milder Hitze goldgelb braten. Dann die Zucchinistifte und den abgedämpften Reis dazugeben und alles einmal vorsichtig umrühren.
4. Die Currysauce in die Pfanne gießen und einmal kurz aufkochen lassen. Das Gericht mit Salz und Pfeffer abschmecken und mit den Mandelblättchen bestreuen.
ca. 355 kcal/1485 kJ
(auf dem Foto: unten)

HIRSOTTO MIT SPINAT

Zubereitungszeit: ca. ½ Std.

Zutaten:

300 g Blattspinat
50 g Hirse
1 EL ungeschwefelte Rosinen
Salz, schwarzer Pfeffer
geriebene Muskatnuß
1 TL vergorenes Molkekonzentrat (Molkosan)
1 EL gehackte Nüsse nach Belieben
1 Knoblauchzehe
2 EL geriebener Käse, 60% Fett i. Tr., z. B. Rahmgouda

Zubereitung:

1. Den Spinat verlesen, gründlich waschen und dann grob hacken.
2. Hirse, Rosinen und 200 ml Wasser in einem großen Topf aufkochen lassen und die Hirse etwa ¼ Stunde bei schwacher Hitze quellen lassen.
3. Das Hirsotto mit Salz, Pfeffer, Muskat und Molkekonzentrat abschmecken und die Nüsse darunterrühren.
4. Die Hitze hochschalten, den Spinat nach und nach dazugeben und zusammenfallen lassen.
5. Das Hirsotto mit Salz, Pfeffer und geschälter, zerdrückter Knoblauchzehe abschmecken und noch heiß mit dem Käse bestreuen.
ca. 440 kcal/1850 kJ
(auf dem Foto: oben)

GURKENRAGOUT MIT FORELLE

Zubereitungszeit: ca. 20 Min.

Zutaten:

½ Salatgurke
2 Frühlingszwiebeln
1 geräuchertes Forellenfilet
1 EL Crème fraîche
1 TL Senf
einige Tropfen Öl
125 g gekochter Naturreis (ca. 50 g Rohgewicht)
Salz
schwarzer Pfeffer
2 EL gehackter Dill

Zubereitung:

1. Die Gurke waschen, putzen, halbieren und in ½ cm große Würfel schneiden. Die Frühlingszwiebeln putzen, waschen und in Ringe schneiden. Das Forellenfilet in mundgerechte Stücke schneiden. 4 Eßlöffel Wasser mit Crème fraîche und Senf verrühren.
2. Eine beschichtete Pfanne erhitzen und mit Öl auswischen. Die Frühlingszwiebeln darin anbraten, dann die Gurkenwürfel kurz mitbraten. Die Senfsauce angießen und etwas einkochen lassen.
3. Den Reis unter das Gurkengemüse heben und darin erwärmen. Das Ragout mit Salz und Pfeffer abschmecken, die Forellenstückchen darunterheben und das Ragout mit dem Dill bestreuen.
ca. 345 kcal/1435 kJ
(auf dem Foto: Mitte)

GEBRATENER REIS MIT GEMÜSE

Zubereitungszeit: ca. ½ Std.

Zutaten:

1 rote Paprikaschote
1 kleine Stange Porree
50 g Soja- oder Mungobohnensprossen
1 EL Öl
125 g gekochter Naturreis (ca. 50 g Rohgewicht)
Salz
schwarzer Pfeffer
1 Msp. Sambal oelek
1 EL Sesam

Zubereitung:

1. Die Paprikaschote vierteln, putzen, entkernen, waschen und kleinwürfeln. Den Porree putzen, waschen und schräg in Ringe schneiden. Die Sprossen verlesen und waschen.
2. Eine beschichtete Pfanne erhitzen und das Öl dazugeben. Die Paprikawürfel darin anbraten und bei kleiner Hitze zugedeckt etwa 5 Minuten garen.
3. Dann die Hitze hochschalten, Reis und Porree in die Pfanne geben und kurz mitbraten.
4. Die Sprossen unter den Reis heben und alles mit Salz, Pfeffer sowie Sambal oelek scharf abschmecken. Das Gericht mit dem Sesam bestreuen.
ca. 385 kcal/1615 kJ
(auf dem Foto: unten)

63

KÄSESPÄTZLE MIT SALAT

Zubereitungszeit: ca. ½ Std.

Zutaten:

Für die Nudeln:

3 Zwiebeln

1 TL Butter oder ungehärtete Margarine

250 g gekochte Vollkornspätzle oder andere Vollkornnudeln (ca. 100 g Rohgewicht)

Salz

schwarzer Pfeffer

60 g Käse, 60% Fett i. Tr., z. B. Rahmgouda

2 Msp. vegetarische Gemüsebrühe (Instantpulver)

Für den Salat:

¼ Salatgurke

½ Bund Radieschen

½ Kopfsalat

2 EL Magermilchjoghurt

Salz, schwarzer Pfeffer

1 EL Schnittlauchröllchen

Zubereitung:

1. Den Backofen auf 200 °C vorheizen. Die Zwiebeln schälen, würfeln und in der Butter oder in der Margarine glasig braten.

2. Spätzle und Zwiebelwürfel mischen, mit Salz und Pfeffer würzen und in eine große ofenfeste Form geben.

3. Nun den Käse reiben, mit 4 Eßlöffeln Wasser und der Instant-Gemüsebrühe verrühren und über die Nudeln gießen. Die Nudeln 20 Minuten im Ofen überbacken.

4. Inzwischen für den Salat die Gurke und die Radieschen waschen, putzen und in Scheiben schneiden. Den Kopfsalat verlesen, waschen und in kleine Stücke zupfen.

5. Joghurt, 2 Eßlöffel Wasser sowie etwas Salz und Pfeffer zu einer Sauce verrühren und die Salatzutaten damit mischen. Den Salat mit Schnittlauch bestreuen.

ca. 690 kcal/2915 kJ

NUDELPFANNE MIT PILZEN

Zubereitungszeit: ca. ½ Std.

Zutaten:

2 Scheiben Frühstücksspeck
1 Zwiebel
150 g Pilze (Champignons, Austern- oder Shiitake-Pilze)
1 Staude Chicorée
1 Knoblauchzehe
einige Tropfen Öl
Salz, schwarzer Pfeffer
2 TL Butter oder ungehärtete Margarine
250 g gekochte Vollkornband- nudeln (ca. 100 g Rohgewicht)

Zubereitung:

1. Speck und geschälte Zwiebel würfeln. Die Pilze kurz waschen, putzen und in Scheiben oder in Streifen schneiden. Den Chicorée waschen, den bitteren Strunk unten keilförmig herausschneiden und den Chicorée in Streifen schneiden. Die Knoblauchzehe schälen und fein würfeln.

2. Eine große, beschichtete Pfanne erhitzen, mit einigen Tropfen Öl auswischen und den Speck darin knusprig braten. Pilze und Zwiebel dazugeben und scharf anbraten. Alles mit Salz und Pfeffer würzen, an den Rand schieben und die Hitze der Kochplatte herunterschalten.

3. Auf der freien Fläche der Pfanne die Butter oder die Margarine zerlassen. Nudeln, Knoblauch und Chicorée darin kurz braten, dann mit Salz und Pfeffer würzen.

4. Die Nudeln auf einem Teller anrichten und die Pilze danebengeben.
ca. 575 kcal/2405 kJ

BANDNUDELN MIT ZUCCHINISAUCE

Zubereitungszeit: ca. 20 Min.

Zutaten:

100 g Vollkornbandnudeln	
Salz	
1 kleiner Zucchino	
50 g Parmaschinken	
1 EL Crème fraîche	
1 Msp. vegetarische Gemüsebrühe (Instantpulver)	
schwarzer Pfeffer	
1 Knoblauchzehe	
2 EL gehacktes Basilikum	

Zubereitung:

1. Die Nudeln in Salzwasser bißfest garen.
2. Inzwischen den Zucchino waschen, putzen und würfeln. Den Schinken in Streifen schneiden.
3. Die Crème fraîche mit 2 Eßlöffel Wasser und der Instant-Gemüsebrühe verrühren, die Sauce mit Salz und Pfeffer würzen und in einem Topf aufkochen lassen. Zucchinowürfel und geschälte, zerdrückte Knoblauchzehe dazugeben und alles etwa 5 Minuten köcheln lassen.
4. Die Nudeln abtropfen lassen, auf einen Teller geben und die Zucchinosauce darübergießen. Das Gericht mit dem Schinken und dem Basilikum bestreuen.
ca. 595 kcal/2525 kJ
(auf dem Foto: oben)

SPAGHETTI MIT PESTO

Zubereitungszeit: ca. ¼ Std.

Zutaten:

100 g dünne Spaghetti (herkömmliche oder Vollkornspaghetti)	
Salz	
1 EL gehackte Petersilie	
1 EL Schnittlauchröllchen	
1 EL gehacktes Basilikum	
1 Knoblauchzehe	
1 TL geschälte Mandeln	
2 EL Olivenöl	
schwarzer Pfeffer	

Zubereitung:

1. Die Spaghetti in Salzwasser bißfest kochen.
2. Inzwischen Kräuter, geschälte Knoblauchzehe und Mandeln zusammen in einem Blitzhacker zerkleinern. Die Mischung mit dem Öl zu einer cremigen Paste verrühren. Das Pesto mit Salz und Pfeffer abschmecken.
3. Die gegarten Nudeln abtropfen lassen, dabei 1 bis 2 Eßlöffel des Kochwassers auffangen und in das Pesto einrühren. Dieses dann sofort über die Spaghetti auf dem Teller geben.
ca. 570 kcal/2395 kJ
(auf dem Foto: Mitte)

TOFU MIT PILZEN

Zubereitungszeit: ca. ½ Std.

Zutaten:

1 Knoblauchzehe	
2 EL Sojasauce, Sherry	
150 g schnittfester Tofu	
100 g Shiitake-Pilze	
2 Frühlingszwiebeln	
200 g Chinakohl	
1 Msp. Sambal oelek	
1 EL Öl, 2 EL Sesam	
Salz, schwarzer Pfeffer	

Zubereitung:

1. Den Knoblauch schälen und zerdrücken. Die Sojasauce mit Sherry, 2 Eßlöffeln Wasser und dem Knoblauch zu einer Marinade verrühren. Den Tofu würfeln und in der Marinade kurz ziehen lassen.
2. Inzwischen Pilze und Gemüse putzen, waschen und kleinschneiden.
3. Den Sambal oelek mit 100 ml Wasser und 2 Eßlöffeln der Marinade verrühren.
4. Eine beschichtete Pfanne erhitzen, das Öl dazugeben und die abgetropften Tofuwürfel darin unter Rühren goldgelb braten. Dann mit dem Sesam bestreuen, kurz weiterbraten, alles aus der Pfanne nehmen und warm stellen.
5. Die Pilze und die Frühlingszwiebeln in der Pfanne kurz andünsten. Salzen, pfeffern.
6. Die Sambal-oelek-Sauce und den Chinakohl in der Pfanne unter Rühren einmal aufkochen und dann etwa 5 Minuten köcheln lassen. Die Tofuwürfel dazugeben, alles nochmals kurz erhitzen.
ca. 435 kcal/1815 kJ
(auf dem Foto: unten)

HÜFTSTEAK MIT GRILLTOMATEN

Zubereitungszeit: ca. ½ Std.

Zutaten:

1 Knoblauchzehe	
1 Rinderhüftsteak à 150 g	
100 g Champignons	
1 Frühlingszwiebel	
5 Tomaten	
Salz	
schwarzer Pfeffer	
1 EL gehackte Petersilie	
5 Butterflöckchen	
einige Tropfen Öl	
1 EL Crème fraîche	
½ TL gerebelter Estragon	

Zubereitung:

1. Die Knoblauchzehe schälen. Das Steak auf beiden Seiten damit einreiben.

2. Champignons, Frühlingszwiebel und Tomaten kurz waschen und putzen. Die Pilze halbieren, die Frühlingszwiebel in Ringe schneiden. Die Tomaten über Kreuz einschneiden, mit Salz, Pfeffer, dem gewürfelten Knoblauch und der Petersilie bestreuen und je 1 Butterflöckchen darauf setzen.

3. Eine große beschichtete Deckelpfanne mit einigen Tropfen Öl auswischen und es erhitzen. Das Steak darin von jeder Seite etwa 1 Minute scharf anbraten. Die Hitze reduzieren, das Steak auf einer Seite 4 Minuten braten.

4. Das Steak wenden, salzen und pfeffern. Champignons und Zwiebel dazugeben. Die Tomaten in die Pfanne setzen und alles weitere 4 Minuten zugedeckt garen.

5. Dann Steak und Tomaten auf zwei Teller legen. Bratensatz und Gemüse mit 2 Eßlöffeln Wasser ablöschen, die Crème fraîche und den Estragon hineinrühren und die Sauce einmal aufkochen lassen. Das Champignongemüse zum Steak geben.

ca. 515 kcal/2155 kJ

RINDERFILET IN INGWERSAUCE

Zubereitungszeit: ca. 35 Min.

Zutaten:

2 EL Sojasauce
1 EL trockener Sherry oder Reiswein
150 g Rinderfilet
1 Stange Porree
1 Knoblauchzehe
1 rote oder gelbe Paprikaschote
1 TL feingehackter frischer Ingwer
1 TL Tomatenmark
Salz
1 EL Öl

Zubereitung:

1. Sojasauce, Sherry oder Reiswein und 2 Eßlöffel Wasser zu einer Marinade verrühren. Das Fleisch in dünne Streifen schneiden und in der Marinade kurz ziehen lassen.

2. Inzwischen den Porree putzen, waschen und in 4 cm breite Röllchen schneiden. Diese dann in feine Streifen schneiden. Den Knoblauch schälen und in Scheibchen schneiden. Die Paprikaschote putzen, vierteln, entkernen, waschen und kleinwürfeln.

3. Dann 100 ml Wasser, 1 Eßlöffel der Fleischmarinade, Ingwer, Tomatenmark und Salz zu einer Sauce verrühren.

4. Das Fleisch aus der Marinade nehmen, abtropfen lassen. Eine beschichtete Deckelpfanne erhitzen, das Öl dazugeben und das Fleisch darin unter Rühren kurz braten. Es dann aus der Pfanne nehmen und zugedeckt warm stellen. Die Pfanne etwas abkühlen lassen.

5. Ingwersauce, Porree, Knoblauch und Paprikaschote in der Pfanne zugedeckt bei schwacher Hitze in etwa 8 Minuten bißfest garen. Dann das Fleisch daruntermischen und alles nochmals kurz bei mittlerer Hitze erwärmen.
ca. 375 kcal/1570 kJ

LAMMKOTELETTS MIT MAJORANBÖHNCHEN

Zubereitungszeit: ca. ½ Std.

Zutaten:

250 g frische grüne Bohnen oder TK-Bohnen
½ TL vegetarische Gemüsebrühe (Instantpulver)
1 TL gerebelter Majoran
1 Knoblauchzehe
2 TL fettarmer Frischkäse (Lightprodukt)
1 TL Zitronensaft
1 TL Senf
1 EL gemischte TK-Kräuter oder 1 EL gehackte frische Kräuter
Salz, schwarzer Pfeffer
4 dünne einfache Lammkoteletts oder 2 doppelte Lammkoteletts
einige Tropfen Öl

Zubereitung:

1. Frische Bohnen waschen und putzen. Die Bohnen in 200 ml Wasser mit der Instant-Gemüsebrühe und dem Majoran bißfest garen.

2. Inzwischen die Knoblauchzehe schälen und zerdrücken. Den Frischkäse mit Zitronensaft, Senf, Knoblauch, Kräutern, Salz und Pfeffer glattrühren.

3. Den Fettrand der Lammkoteletts bis auf einen kleinen Rest abschneiden. Eine beschichtete Pfanne erhitzen, mit einigen Tropfen Öl auswischen und die Lammkoteletts darin auf jeder Seite bei großer Hitze etwa 2 Minuten braten (so bleiben sie innen noch leicht rosa). Wer die Koteletts lieber ganz durchgebraten mag, brät sie etwa 3 Minuten auf jeder Seite. Die Koteletts mit Salz und Pfeffer würzen.

4. Die Bohnen abgießen und zusammen mit den Lammkoteletts auf einem Teller anrichten. Die Kräutercreme auf die Koteletts geben.
ca. 620 kcal/2595 kJ

Variation:

Wenn Sie Lamm nicht mögen, können Sie das Gericht auch mit einem Kalbskotelett zubereiten. Dieses von jeder Seite etwa 6 Minuten braten.

HÄHNCHENBRUST IN ORANGENSAUCE MIT SPARGEL

Zubereitungszeit: ca. ½ Std.

Zutaten:

1 unbehandelte Orange	
500 g grüner Spargel	
1 EL vegetarische Gemüsebrühe (Instantpulver)	
einige Tropfen Öl	
1 kleines Hähnchenbrustfilet à 150 g	
Salz	
schwarzer Pfeffer	
1 EL Zitronensaft	
1 Prise Currypulver	
1 EL Crème fraîche	

Zubereitung:

1. Die Orange waschen, ein kleines Stück der Schale abschneiden (das Weiße entfernen, es schmeckt bitter) und in feine Streifen schneiden. Die Orange vierteln. Ein Viertel sorgfältig schälen (die weiße Haut vollständig entfernen) und das Fruchtfleisch in kleine Stücke schneiden. Die restliche Orange auspressen.

2. Den Spargel waschen, unten ein Stück kürzen und nur unten dünn schälen. Die Spargelstangen mit einem Baumwollfaden zusammenbinden und in ½ l Wasser zusammen mit der Instant-Gemüsebrühe in etwa 7 Minuten bißfest kochen.

3. Inzwischen eine beschichtete Pfanne erhitzen und mit einigen Tropfen Öl auswischen. Das Hähnchenbrustfilet darin auf beiden Seiten in insgesamt etwa 6 Minuten goldbraun braten. Es dann mit Salz und Pfeffer würzen und zugedeckt warm stellen.

4. Orangenstücke und -schale sowie 3 Eßlöffel des Orangensafts und den Zitronensaft in die Pfanne geben und alles etwas einkochen lassen. Die Crème fraîche in die Sauce einrühren und diese nochmals aufkochen lassen.

5. Das Hähnchenbrustfilet zusammen mit dem ausgetretenen Bratensaft in die Sauce geben und darin nochmals kurz erwärmen.

6. Den Spargel abtropfen lassen und zusammen mit dem Fleisch anrichten. Die Sauce zum Fleisch auf den Teller geben.

ca. 320 kcal/1330 kJ

HUHN MIT MANDELN

Zubereitungszeit: ca. 40 Min.

Zutaten:

2 EL Sojasauce
1 EL trockener Sherry oder Reiswein
1 kleines Hähnchenbrustfilet à 150 g
1 rote Paprikaschote
1 Zwiebel
1 TL Tomatenmark
Salz
1 EL Öl
2 EL geschälte Mandeln
1 TL gehackter frischer Ingwer
1 Papaya

Zubereitung:

1. Sojasauce, Sherry oder Reiswein und 2 Eßlöffel Wasser zu einer Marinade verrühren. Die Hähnchenbrust würfeln und in der Marinade kurze Zeit ziehen lassen.
2. Inzwischen die Paprikaschote vierteln, putzen, entkernen, waschen und in 3 cm große Würfel schneiden. Die Zwiebel schälen und achteln.
3. Dann 100 ml Wasser, 2 Eßlöffel der Marinade, das Tomatenmark und etwas Salz zu einer Sauce verrühren.
4. Eine beschichtete Pfanne erhitzen, das Öl dazugeben und Zwiebel sowie Mandeln darin braten, bis beide Farbe nehmen. Das Hähnchenfleisch gut abtropfen lassen, mit in die Pfanne geben und unter Rühren goldgelb braten. Alles aus der Pfanne nehmen und zugedeckt warm stellen. Die Pfanne etwas abkühlen lassen.
5. Die angerührte Sauce in der Pfanne einmal aufkochen lassen. Ingwer und Paprikawürfel dazugeben, einmal umrühren und das Gemüse bei schwacher Hitze in etwa 10 Minuten bißfest garen.
6. In der Zwischenzeit die Papaya schälen, die Kerne mit einem Löffel herausschaben und das Fruchtfleisch in mundgerechte Stücke schneiden. Papayawürfel und Hähnchenfleisch zusammen mit den Zwiebeln und den Mandeln zu den Paprikastücken geben und alles nochmals kurz erhitzen.
ca. 495 kcal/2070 kJ
(auf dem Foto: oben)

HÄHNCHEN IN ROTWEIN

Zubereitungszeit: ca. ¾ Std.

Zutaten:

1 Hähnchenkeule
Salz
schwarzer Pfeffer
einige Tropfen Öl
2 Schalotten oder 1 Zwiebel
1 Knoblauchzehe
150 g rosa Champignons
1 kleiner Zucchino
2 Tomaten
2 Lorbeerblätter
200 ml Rotwein
1 TL Tomatenmark

Zubereitung:

1. Hähnchenkeule abspülen, trockentupfen und auf beiden Seiten mit Salz und Pfeffer einreiben. Eine beschichtete Pfanne erhitzen und mit dem Öl auswischen. Die Hähnchenkeulen darin auf beiden Seiten bei mittlerer Hitze in ungefähr 25 Minuten goldbraun braten. Mehrmals wenden.
2. Inzwischen die Schalotten oder die Zwiebel und die Knoblauchzehe schälen und alles fein würfeln. Die Champignons und den Zucchino kurz waschen, putzen und in Scheiben schneiden. Die Tomaten waschen, putzen und achteln.
3. Die Hähnchenkeule nach der Bratzeit aus der Pfanne nehmen und warm stellen. Lorbeerblätter, Schalotten- oder Zwiebelwürfel, Champignons und Zucchinoscheiben in der Pfanne anbraten, dann alles mit Salz und Pfeffer abschmecken und die Hitze herunterschalten.
4. Den Knoblauch zum Gemüse geben, die Hälfte des Rotweins angießen, das Tomatenmark hineinrühren und alles auf schwacher Hitze etwas einköcheln lassen.
5. Den restlichen Rotwein dazugießen, die Tomatenachtel hinzufügen und die Hähnchenkeule auf das Gemüse legen, sie sollte nicht mit Sauce bedeckt sein. Alles etwa 5 Minuten köcheln lassen, dann zusammen auf einem Teller anrichten.
ca. 405 kcal/1700 kJ
(auf dem Foto: unten)

Variation:

Dieses Gericht können Sie auch mit Weißwein (am besten mit trockenem Riesling) zubereiten. Lassen Sie dann aber das Tomatenmark weg, und geben Sie dafür 1 Eßlöffel Crème fraîche in die Sauce. Bei dieser Variation müssen Sie ca. 60 kcal (240 kJ) zur angegebenen Kalorien- bzw. Joulemenge dazurechnen.

HÄHNCHENKEULE MIT PAPRIKAGEMÜSE

Zubereitungszeit: ca. ½ Std.

Zutaten:

1 kleine Hähnchenkeule
Salz
schwarzer Pfeffer
Paprikapulver edelsüß
2 Zwiebeln
3 Tomaten
1 grüne Paprikaschote
1 gelbe Paprikaschote
1 Knoblauchzehe
2 EL Tomatenmark
1 EL Öl
2 EL gehacktes Basilikum

Zubereitung:

1. Die Hähnchenkeule abspülen, trockentupfen, mit Salz, Pfeffer und Paprikapulver einreiben und mit einer Nadel mehrmals einstechen. Sie dann ohne Fettzugabe in einer beschichteten Pfanne bei mittlerer Hitze in etwa ½ Stunde von allen Seiten braten.
2. Inzwischen die Zwiebeln schälen. Die Tomaten waschen und putzen. Beides in Spalten schneiden. Die Paprikaschoten vierteln, putzen, entkernen, waschen und grob würfeln. Den Knoblauch schälen und fein würfeln.

3. Das Tomatenmark mit 6 Eßlöffeln Wasser verrühren und die Sauce mit Salz und Pfeffer abschmecken.
4. Das Öl in einem Topf erhitzen und Zwiebeln sowie Knoblauch darin kurz anbraten. Die Paprikaschoten kurz mitbraten. Dann die Tomatenmarksauce dazugießen, umrühren und das Gemüse etwa 10 Minuten zugedeckt schmoren lassen.
5. Danach die Tomatenspalten zum Gemüse geben und es weitere 2 Minuten köcheln lassen. Das Basilikum daruntermischen. Das Gemüse zusammen mit der Hähnchenkeule anrichten.
ca. 395 kcal/1640 kJ

PUTENRAGOUT MIT BROKKOLI

Zubereitungszeit: ca. ½ Std.

Zutaten:

150 g Brokkoli	
½ TL vegetarische Gemüsebrühe (Instantpulver)	
150 g Putenschnitzel	
150 g Champignons	
einige Tropfen Öl	
einige Tropfen Zitronensaft	
Salz	
schwarzer Pfeffer	
1 EL Crème fraîche	

Zubereitung:

1. Den Brokkoli waschen, die Röschen abschneiden und beiseite legen. Die Brokkolistiele in feine Scheiben schneiden und in 175 ml Wasser zusammen mit der Instant-Gemüsebrühe in etwa ¼ Stunde kochen.

2. Inzwischen das Putenschnitzel in feine Streifen schneiden. Die Champignons kurz waschen, putzen und in dünne Scheiben schneiden.

3. Eine beschichtete Pfanne erhitzen und mit einigen Tropfen Öl auswischen. Das Putenfleisch zusammen mit den Champignons darin bei großer Hitze scharf anbraten und dann bei mittlerer Hitze goldbraun fertigbraten. Alles mit Zitronensaft, Salz und Pfeffer abschmecken und anschließend zugedeckt warm stellen.

4. Die Brokkolistiele zusammen mit der Brühe mit dem Schneidstab pürieren und die Crème fraîche hineinrühren. Die Brokkoliröschen dazugeben und etwa 5 Minuten in der Sauce köcheln lassen.

5. Das Putenfleisch und die Champignons unter die Brokkolisauce heben und alles nochmals kurz erhitzen.

ca. 260 kcal/1090 kJ

FISCH MIT ZUCKERSCHOTEN

Zubereitungszeit: ca. ½ Std.

Zutaten:

150 g Fischfilet (z. B. Kabeljau, Rotbarsch, Seelachs oder Scholle)
einige Tropfen Zitronensaft
Salz
schwarzer Pfeffer
150 g Zuckerschoten
½ Kopfsalat
½ TL vegetarische Gemüsebrühe (Instantpulver)
1 EL Crème fraîche
2 EL grob gehackter Kerbel

Zubereitung:

1. Das Fischfilet würfeln und mit Zitronensaft, Salz und Pfeffer würzen. Die Zuckerschoten waschen, putzen und jeweils einmal schräg durchschneiden. Den Salat putzen, waschen und in Streifen schneiden.
2. Dann 100 ml Wasser zusammen mit der Instantbrühe aufkochen lassen. Die Crème fraîche darunterrühren und die Sauce mit Salz, Pfeffer sowie Zitronensaft würzen.
3. Die Zuckerschoten in der Sauce bei schwacher Hitze etwa 5 Minuten ziehen lassen.
4. Fischwürfel und Salatstreifen dazugeben und alles weitere 5 Minuten köcheln lassen. Dabei nicht mehr umrühren. Das Gericht mit dem Kerbel bestreuen.
ca. 250 kcal/1045 kJ
(auf dem Foto: oben)

Variation:

Statt Kopfsalat können Sie für dieses Rezept auch 2 kleine Stauden Chicorée nehmen.

CURRYFISCH

Zubereitungszeit: ca. ½ Std.

Zutaten:

150 g Fischfilet (z. B. Kabeljau, Rotbarsch, Seelachs oder Scholle)
1 ½ EL Zitronensaft
Salz
schwarzer Pfeffer
1 kleiner Zucchino
1 Staude Chicorée
2 EL Crème fraîche
1 TL Currypulver

Zubereitung:

1. Das Fischfilet mit ½ Eßlöffel Zitronensaft, Salz und Pfeffer würzen.
2. Den Zucchino waschen, putzen und in Scheiben schneiden. Den Chicorée waschen, den bitteren Strunk am unteren Ende keilförmig herausschneiden und den Chicorée in Streifen schneiden.
3. Dann 100 ml Wasser mit Crème fraîche, 1 Eßlöffel Zitronensaft, Currypulver, Salz und Pfeffer verrühren.
4. Die Currysauce in einer Pfanne aufkochen lassen. Den Fisch im ganzen sowie die Zucchinoscheiben dazugeben und alles etwa 5 Minuten in der Sauce köcheln lassen. Den Fisch dabei einmal vorsichtig wenden.
5. Kurz vor Ende der Garzeit den Chicorée unter das Gemüse heben.
ca. 250 kcal/1045 kJ
(auf dem Foto: Mitte)

LACHSRAGOUT

Zubereitungszeit: ca. ½ Std.

Zutaten:

150 g Lachsfilet
Salz
schwarzer Pfeffer
einige Tropfen Zitronensaft
2 Schalotten oder 2 kleine Zwiebeln
1 Knoblauchzehe
100 g Shiitake-Pilze
150 g Blattspinat
1 EL Öl
100 ml Weißwein
2 EL Crème fraîche

Zubereitung:

1. Das Lachsfilet grob würfeln und mit Salz, Pfeffer und Zitronensaft würzen.
2. Die Schalotten oder die Zwiebeln und die Knoblauchzehe schälen, alles fein würfeln. Die Pilze kurz waschen, putzen und halbieren. Den Spinat verlesen und waschen.
3. Das Öl in einem Topf erhitzen und die Pilze darin anbraten. Schalotten oder Zwiebeln und Knoblauch dazugeben und glasig dünsten.
4. Nach und nach den Wein dazugießen und die Flüssigkeit bis auf 1 Eßlöffel einkochen lassen. Die Crème fraîche hineinrühren, die Sauce mit Salz und Pfeffer abschmecken und sie einmal kurz aufkochen lassen.
5. Den Spinat in die Sauce geben und zugedeckt zusammenfallen lassen. Die Fischwürfel dazugeben und bei schwacher Hitze in etwa 6 Minuten gar ziehen lassen.
ca. 590 kcal/2460 kJ
(auf dem Foto: unten)

FISCH À LA PIZZAIOLA

Zubereitungszeit: ca. ½ Std.

Zutaten:

150 g Fischfilet (z. B. Kabeljau, Rotbarsch, Seelachs oder Scholle)
einige Tropfen Zitronensaft
Salz
schwarzer Pfeffer
2 Frühlingszwiebeln
1 Knoblauchzehe
150 g Champignons
2 Tomaten
1 TL Tomatenmark
2 Msp. vegetarische Gemüsebrühe (Instantpulver)
2 Msp. Paprikapulver edelsüß
½ TL gerebelter Oregano
1 EL Öl
1 EL gehacktes Basilikum

Zubereitung:

1. Das Fischfilet mit Zitronensaft, Salz und Pfeffer würzen.
2. Die Frühlingszwiebeln putzen, waschen und schräg in breite Ringe schneiden. Den Knoblauch schälen und fein würfeln. Die Champignons kurz waschen, putzen und halbieren. Die Tomaten waschen, putzen und in kleine Stücke schneiden.
3. Dann 2 Eßlöffel Wasser mit Tomatenmark, Instant-Gemüsebrühe, Paprikapulver und Oregano verrühren. Die Sauce mit Salz und Pfeffer würzig abschmecken.
4. Das Öl in einer beschichteten Pfanne erhitzen und die Champignons darin goldbraun braten. Zwiebeln und Knoblauch kurz mitbraten.
5. Das Fischfilet im Stück oder in großen Würfeln in der Pfanne auf beiden Seiten anbraten. Die Tomatensauce und die Tomaten dazugeben und die Sauce rund um den Fisch mit dem Gemüse verrühren.
6. Eventuell noch etwas Wasser dazugießen und das Gericht dann etwa 5 Minuten köcheln lassen. Zum Schluß mit dem Basilikum bestreuen.
ca. 275 kcal/1150 kJ

FORELLE MIT BUNTEM SALAT

Zubereitungszeit: ca. ½ Std.

Zutaten:

1 Forelle
einige Tropfen Zitronensaft
Salz
schwarzer Pfeffer
1 Tomate
1 EL grob gehackte Petersilie
1 TL Butter
200 g Salatgurke
1 Bund Radieschen
½ Kopfsalat
4 EL Magermilchjoghurt
2 EL Schnittlauchröllchen

Zubereitung:

1. Die Forelle säubern, innen und außen waschen und trokkentupfen. Die Forelle innen kräftig mit Zitronensaft, Salz und Pfeffer würzen. Die Tomate waschen, putzen und in Scheiben schneiden.

2. Die Forelle mit Tomatenscheiben, Petersilie und Butterflöckchen füllen und auf ein großes Stück Alufolie legen. Die Folie zusammenklappen und alle Ränder sehr gut verschließen.

3. Das Folienpäckchen in eine beschichtete Deckelpfanne legen und den Fisch etwa 20 Minuten bei schwacher Hitze zugedeckt garen.

4. Inzwischen die Gurke und die Radieschen waschen, putzen und in Scheiben schneiden. Den Salat verlesen, waschen und in mundgerechte Stücke zupfen.

5. Joghurt, 4 Eßlöffel Wasser und einige Tropfen Zitronensaft sowie etwas Salz, Pfeffer und den Schnittlauch zu einer Salatsauce verrühren. Salatblätter, Gurken- und Radieschenscheiben mit der Sauce mischen.

6. Das Folienpaket auf einen Teller legen und die Folie vorsichtig öffnen, damit der Saft nicht herausläuft. Den Salat zum Fisch servieren.

ca. 335 kcal/1410 kJ

Rezeptverzeichnis

Erklärung der Symbole
- ■ = Kohlenhydratgericht
- ■ = Eiweißgericht
- ■ = neutrales Gericht
- * = Anschlußrezept (enthält bereits gegarte Zutaten)